AF599530

Pleure, mon soleil

Amélia Lauran

Pleure, mon soleil

© Lys Bleu Éditions – Amélia Lauran

ISBN : 979-10-422-1019-9

Le code de la propriété intellectuelle n'autorisant aux termes des paragraphes 2 et 3 de l'article L.122-5, d'une part, que les copies ou reproductions strictement réservées à l'usage privé du copiste et non destinées à une utilisation collective et, d'autre part, sous réserve du nom de l'auteur et de la source, que les analyses et les courtes citations justifiées par le caractère critique, polémique, pédagogique, scientifique ou d'information, toute représentation ou reproduction intégrale ou partielle, faite sans le consentement de l'auteur ou de ses ayants droit ou ayants cause, est illicite (article L.122-4). Cette représentation ou reproduction, par quelque procédé que ce soit, constituerait donc une contrefaçon sanctionnée par les articles L.335-2 et suivants du Code de la propriété intellectuelle.

À mes proches qui me soutiennent depuis le début de ce combat, à ma Maman et mon Papa qui ont essayé de m'aider comme ils le pouvaient, à ma marraine et mon parrain qui m'ont redonné la vie, à mes soignants à qui je dois le fait d'être sur le chemin de la guérison et de la vie, et notamment à mes trois psychiatres, ma psychologue, ma psychomotricienne, mes deux diététiciens et tous les infirmiers de l'horloge. À mes copines de combat, mes soleils qui m'impressionnent chaque jour un peu plus et qui me montrent la voie de la guérison.

Merci à tous d'être vous, de me soutenir dans les hauts comme les bas.

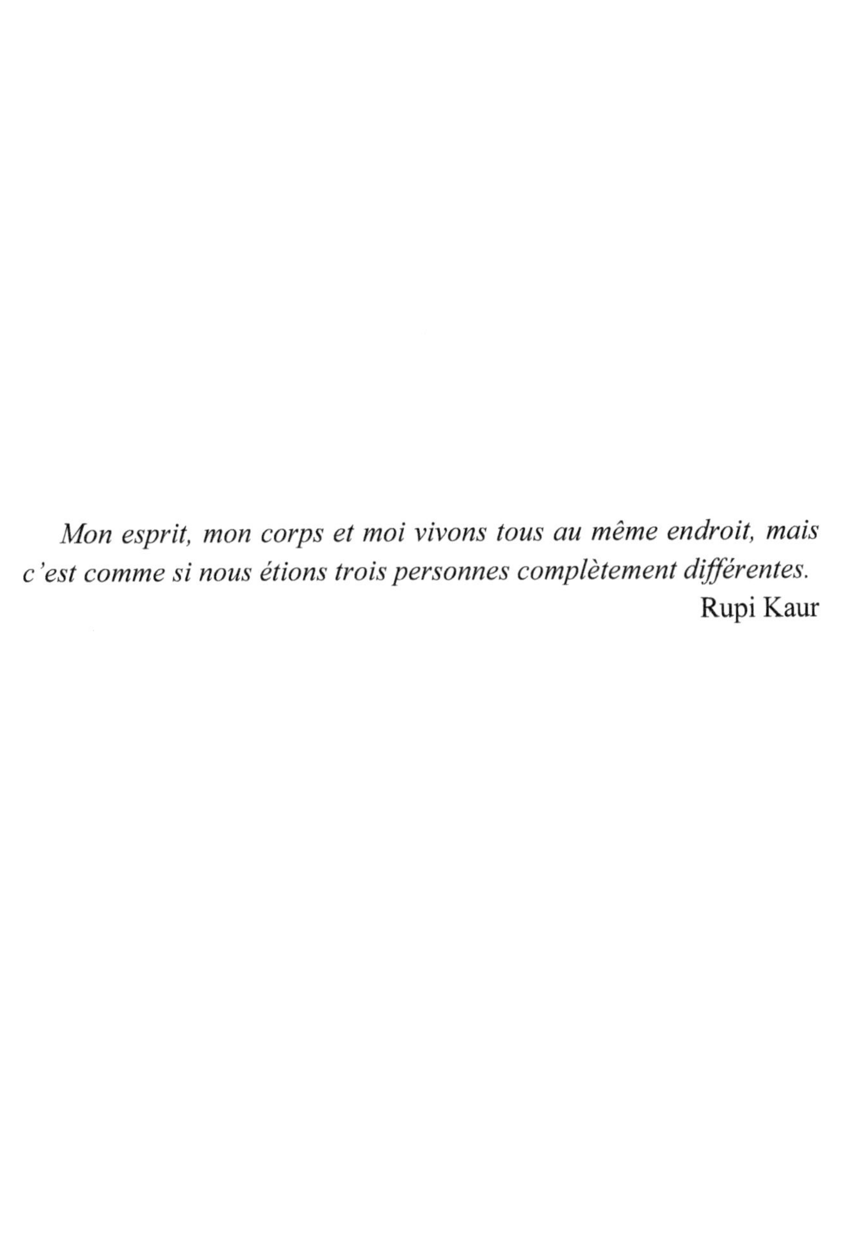

Mon esprit, mon corps et moi vivons tous au même endroit, mais c'est comme si nous étions trois personnes complètement différentes.

Rupi Kaur

Préface

Bonne nuit mon amour. Je t'aime ma fille.

Chaque soir, lorsque cela m'est possible, je t'envoie ce message dans l'espoir que tu puisses le découvrir le lendemain matin à ton réveil et que cela te témoigne de mon amour inconditionnel à la fin de chaque nouvelle journée surmontée, te donne un élan de vie pour débuter la suivante. Mais à chaque fois, la peur et le doute m'envahissent… Et s'il était trop tard, et si un jour tu décidais de mettre fin à tes jours pour stopper ton calvaire ressenti, seule dans la nuit, sans m'appeler au secours… et si tu ne lisais pas mon message et ne recevais pas mon soutien et mon amour.

Découvrir ton livre si bien écrit, d'une précision et d'une sincérité redoutables m'a profondément chamboulée et meurtrie, mais cela me donne de l'espoir tant je ressens que tu commences, à travers ton travail sur toi et l'écriture, à prendre de la distance et à te libérer de tes démons intérieurs. Découvrir tant de mal être, tant de désespoir et de tristesse est difficile et totalement insupportable, mais cela me permet de mieux te comprendre, de mieux intégrer ce que j'ai pu faire ou ne pas faire, mais également ce qui ne dépend que de toi. C'est une bible que chacun d'entre nous, parents d'enfants devenant jeunes adultes, devraient avoir entre les mains pour mieux vous accompagner dans cette transition de vie.

Partager tes maux avec tes mots, ton expérience douloureuse et l'apprentissage difficile de la vie est une preuve de grand courage et un cadeau que tu fais à la vie, mais également à autrui, à tes soleils et leur famille, à toute personne confrontée à cette maladie. J'aurais tant aimé lire ton livre il y a quelques années pour mieux comprendre ta maladie et mieux l'appréhender pour t'accompagner et te soutenir.

Je te le répète souvent et les mots sont faibles pour le dire, ton livre est puissant et je suis extrêmement fière de toi et de ton combat.

Ta Maman.

Les prémices de l'enfer

La route des enfers est facile à suivre, on y va les yeux fermés.

Théognis de Mégare

Jeudi 12 mars 2020 -20 h

« Dès lundi et jusqu'à nouvel ordre, les crèches, les écoles, les collèges, les lycées et les universités seront fermés », annonce le président Emmanuel Macron. Cette élocution était attendue par tous, non sans crainte. Cela faisait déjà quelques mois que le terme Coronavirus était passé dans notre langage courant et dans nos discussions quotidiennes. Ce virus terrorisait tout le monde, on ne parlait plus que de cela aux informations. On entendait que les gens en mouraient, que les hôpitaux étaient surchargés et qu'il se propageait à toute allure dans le monde entier. Nous vivions sa propagation mondiale, impuissants. Ce jeudi 12 mars, tout mon cours de cirque suivait les nouvelles sur un petit écran. L'annonce a provoqué des réactions hétérogènes. Les cris de joie, d'incertitude et de déception fusaient. La perspective de trois semaines de vacances nous réjouissait tous plus ou moins. Trois semaines, c'était ce qui était à l'époque estimé, mais en réalité personne ne savait exactement ce vers quoi nous nous dirigions. Ce soir-là, je suis rentrée avec mon amie Oriane et c'était la seule chose à laquelle nous pensions. Ce scénario tout droit sorti d'un film de science-fiction nous semblait irréaliste, impossible. Le lendemain, c'était le chaos général au lycée. Les professeurs défilaient dans les salles pour nous distribuer des polycopiés par centaines en essayant de tenir la classe qui s'éparpillait dans tous les sens avec cette annonce impensable. Nous allions vers un futur incertain et cela nous chamboulait grandement au moment où nous devions nous projeter dans l'avenir. Après tout, il y avait le bac à préparer et ce confinement n'était absolument pas une raison valable pour relâcher notre travail et nous reposer. Les professeurs tentaient de prévoir la manière dont ils allaient s'organiser pour ces trois semaines en nous annonçant un rythme soutenu et en nous demandant de conserver une hygiène de vie proche du quotidien, se lever tôt, travailler, manger de vrais repas, rendre nos devoirs et interrogations. J'ai alors quitté le lycée sans me douter un seul instant que je venais d'avoir mon dernier cours en classe de terminale, que je quittais pour toujours le lycée où j'étais depuis la sixième et où j'avais grandi et mûri. Le confinement strict est annoncé le 16 mars au soir lors d'une nouvelle allocution du président avec des mesures applicables dès le lendemain matin. Ce même soir Papa et Maman se sont disputés pour la première fois du confinement. Depuis cinq ans, nous vivions en garde alternée. Nous allions une semaine sur deux chez mon père à Choisy-le-Roi dans le Val-de-Marne et l'autre semaine chez ma mère à Paris dans le 6e arrondissement. Au tout début du confinement ma Maman et mon beau-père de l'époque, Georges avaient le Covid. Ma mère voulait tout de même que nous retournions chez elle comme prévu dans le jugement du divorce la semaine qui suivait. À l'époque, le Covid n'était pas diagnostiqué dans les pharmacies ou chez les médecins, car les hôpitaux prenaient uniquement en charge les cas graves et vitaux. Nous ne savions pas faire la différence entre une grippe et le Covid. Ma Maman n'était donc pas certaine d'avoir le Covid.

Papa s'opposait radicalement au fait qu'on retourne à Paris, pensant qu'elle nous mettrait mon frère, Théo et moi en danger. Ma sœur, Marie venait de commencer la garde alternée inversée pour apaiser les nombreuses tensions dans la fratrie. Elle devait aller chez mon père les semaines où Théo et moi étions chez ma mère et inversement. À l'époque, les relations entre ma sœur et moi étaient extrêmement difficiles, nous nous adressions à peine la parole et les disputes étaient quotidiennes et violentes. Nous avons donc débuté le confinement par 3 semaines chez Papa à Choisy. Les premiers jours se sont déroulés à merveille. Nous étions dans une maison avec un petit jardin, à l'heure où le soleil de mars pointait de nouveau le bout de son nez. Dès le premier jour, j'ai établi un planning heure par heure de ce que je devais faire. J'avais des heures de lever, de coucher, mes heures de pauses et mes créneaux de révision. J'ai toujours été très bonne en organisation et je me faisais des plannings et des « to do list » pour tout et n'importe quoi bien avant le confinement. Je me suis imposée un rythme régulier en suivant mon emploi du temps exactement comme au lycée. Dès les premiers jours, certains profs ont disparu de la circulation, nous laissant seuls avec le programme à préparer pour le bac. Nous n'avons jamais eu de nouvelles ni de notre professeur de philosophie ni de notre professeur de physique alors que c'était à l'époque ma spécialité pour le bac. À ce moment-là, je voulais à tout prix le décrocher avec la mention très bien et je comptais bien tout mettre en œuvre pendant ce confinement pour l'obtenir de mon côté même si c'était sans l'aide de certains de mes professeurs. J'ai toujours été très perfectionniste dans mes études. Je travaillais toujours de manière à être première de ma classe. Si j'étais mal classée, je prenais cela comme un véritable échec. En fait, je vivais avec la frustration et la déception permanente, car rien n'était assez bien, rien n'était à la hauteur que je me fixais à moi-même. Lors du confinement, notre rythme de vie a radicalement changé, mais la rupture de lien social ne se faisait pas tant ressentir dans un premier temps. Lorsque que nous n'étions pas en visio pour les cours nous passions nos journées en appels vidéo, organisions des repas, visio… Nous avons réussi à garder le contact malgré l'éloignement physique. Je me suis même découvert de nouvelles passions pour la couture et l'aquarelle qui me permettaient de petites coupures dans la journée. L'ambiance était bonne au sein du foyer paternel, la maison était grande, nous ne nous marchions pas dessus et chacun respectait le rythme des autres.

17 mars 2020, Choisy Le Roi

« Cher Journal, aujourd'hui, c'est le premier jour de confinement. Le Président, Emmanuel Macron a annoncé hier qu'à partir de ce midi, toute sortie devait être justifiée d'une autorisation, sinon nous risquons une amende. Beaucoup de gens ont fui en urgence Paris pour la campagne. Je n'en peux plus de regarder les infos, on ne parle plus que de ça. Je n'arrive pas à imaginer qu'un jour notre vie redeviendra "normale", ça me paraît impossible. Le plus angoissant, je pense, c'est que nous n'avons aucune idée du temps que cela va durer et de la suite, nous avons du mal à nous projeter dans un futur proche ou éloigné. Ça nous apprend en quelque sorte à vivre au jour le jour, à prendre des nouvelles de nos proches et à travailler sur nous-même. On ne sait même pas si le bac aura lieu… J'aimerais tellement l'avoir dignement. Parfois, je regarde des photos d'avant la pandémie en me disant "tu ne profitais pas assez avant". Hier matin, je suis allée récupérer des affaires chez Maman et je me suis rendu compte que c'est la dernière fois que je sortais avant je ne sais pas combien de temps. En ce moment, les avis sont mitigés sur la gravité du Covid et en allant chez Maman hier, j'étais terrorisée que ce soit la dernière fois que je la vois. L'ambiance est lourde et angoissante, je ne sais pas vers où on va et ça m'inquiète beaucoup. »

Le 3 avril, le ministre de l'Éducation nationale annonçait que nous ne passerions pas le bac et qu'il serait passé uniquement en contrôle continu avec les notes de l'année. Cette nouvelle m'a détruite, m'a brisée. Cela faisait plusieurs années, plusieurs semaines que je travaillais avec rigueur et détermination pour cette épreuve certes triviale, mais synonyme pour moi d'une étape importante dont tout le monde se souvient et que tout le monde peut raconter. Si vous fermez les yeux, vous vous souvenez sans doute du stress avant les épreuves, des révisions de dernière minute, de la peur des résultats. Ce jour-là, j'ai compris que je ne pourrai me souvenir de rien de tout cela. Ce soir-là, après cette annonce, je suis sortie pour la première fois hors de chez moi. Nous avions le droit de sortir avec une attestation de sortie pour faire les courses. J'ai donc fait mon attestation simplement pour aller prendre l'air et j'ai pleuré toutes les larmes de mon corps. J'ai lâché toute ma douleur dans les rues désertes de Paris. J'avais l'impression qu'on me privait d'une partie de mon adolescence, que j'aurai toujours ce petit goût d'inachevé au fond de mon cœur. Au bout de quelques semaines, le confinement fut prolongé d'un mois, au moins jusqu'au 15 avril. Cela ne me dérangeait pas spécialement, je prenais goût à vivre de mon côté, à m'imposer ma propre routine, à être plus autonome scolairement. Ce qui était particulièrement difficile à cette époque, c'est qu'on nous demandait de préparer nos dossiers pour le postbac. J'étais totalement perdue. On nous demandait de choisir pour notre avenir alors que pour l'instant, nous ne savions même pas où nous serions dans une semaine. Peut-être que finalement, on serait confinés toute notre vie et qu'on devrait faire nos études en distanciel. Je n'en savais rien, je n'arrivais pas à me projeter.

Les jours se ressemblaient, nous étions pris dans nos nouvelles habitudes, néanmoins, je pense que je me souviendrais toute ma vie de ce soir du 5 avril 2020. Ma sœur ne voulait toujours pas retourner chez mon père après presque un mois. Elle avait mon père au téléphone ce soir-là et ma mère s'est retrouvée mêlée à leur dispute. L'appel a duré plusieurs heures et les cris et les larmes fusaient depuis la cuisine. Mes parents ont commencé à se reprocher des choses qui n'avaient rien à voir avec la conversation de base. Ma chambre n'était pas attenante à la cuisine où se déroulait l'appel, mais pourtant, j'entendais chaque mot prononcé, chaque poignard lancé. Ma mère prenait le parti de ma sœur et s'exposait violemment à toutes les critiques que lui faisait mon père. Celui-ci a notamment énoncé le fait que l'amour qu'il avait eu pour ma mère n'avait jamais été vrai, qu'ils avaient toujours vécu dans la théâtralisation de leur amour. Avons-nous alors été des acteurs engagés dès notre naissance ? Notre bonheur enfantin était-il faux ? Avons-nous seulement été conçus, car cela rendait bien sous le feu des projecteurs ? J'ai remis énormément de choses en question en entendant cela, jusqu'à remettre mon existence en question. La tension était électrique, ma sœur pleurait toutes les larmes de son corps, ma Maman également. Vers les coups de 22 heures, ma mère a quitté la maison de rage, sans attestation de sortie, sans téléphone et sans passeport alors que nous étions en pleine période du confinement avec l'interdiction formelle de sortir pour une autre raison que pour faire des courses. Elle est revenue une heure plus tard. Elle avait avalé une plaquette de somnifères. Elle est rentrée dans sa chambre, a fermé la porte à clé et est allée se coucher. Nous essayions avec Marie de défoncer la porte sans succès. Nous tentions de protéger Théo. Il était jeune, il ne devait pas être mêlé à tout cela. Elle a enfin fini par nous ouvrir la porte, ma sœur et moi étions en ligne avec les pompiers qui nous demandaient de la maintenir éveillée, qu'il ne fallait surtout pas qu'elle s'endorme. Les secours sont arrivés assez rapidement pour prendre en charge notre Maman. Nous n'avions pas le droit de l'accompagner, car à l'époque, les hôpitaux étaient surchargés et nous devions à tout prix limiter les contacts pour ne pas propager le Covid. En franchissant le seuil de la porte, ma Maman s'est retournée vers moi. Son visage était creusé par les larmes et ses yeux emplis de la mort. Elle m'a dit « Amélia, prends soin de ton frère et de ta sœur, fais en sorte qu'ils ne manquent de rien, je t'en supplie » et les pompiers l'ont emmenée, nous laissant pleurer, car nous pensions que nous venions de perdre notre Maman pour toujours. Cette phrase me hante encore à l'heure actuelle. J'étais encore une fois mise à une place qui n'était pas la mienne, si ma Maman rejoignait les étoiles, je devrais être la nouvelle Maman de mes frères et sœurs et vivre moi-même sans Maman. J'ai cru ce jour-là que je n'allais peut-être jamais la revoir vivante. Je ne pouvais pas m'arrêter de pleurer, j'étais anéantie. Nous n'avons pas eu de nouvelle d'elle jusqu'au lendemain matin. Les heures paraissaient interminables, l'angoisse et la tristesse ne diminuaient pas. Plus tard dans la soirée, j'ai envoyé un message à ma Marraine et j'ai rappelé mon père, qui n'a au début pas reconnu ma voix, il m'a confondu avec Marie avec qui il venait de se disputer violemment. Je n'ai pas trouvé le réconfort que j'espérais dans les paroles de mon père. Il m'a dit « tu sais si elle voulait vraiment en finir, elle n'aurait pas raté son coup », cela m'a tout sauf rassurée, il n'en savait rien après tout si elle était encore vivante. Je ne pouvais pas m'arrêter de pleurer. Comment est-ce possible d'en arriver là ? Mes parents s'aimaient tellement à l'époque, ce soir ma Maman a essayé de quitter cette vie après une engueulade avec mon Papa. Le lendemain, à notre plus grand soulagement, elle est revenue à la maison. Elle allait mieux, du moins physiquement, elle n'était plus en danger. Je pense que j'ai vécu cette tentative de suicide comme un réel abandon. J'avais l'impression qu'on ne comptait pas dans l'équation et à l'époque, je ne comprenais pas qu'on puisse vouloir s'ôter la vie. J'avais pleine conscience que ma Maman subissait énormément de choses depuis un tas d'années, mais penser à partir, à laisser trois enfants, ça, je ne pouvais le concevoir.

C'est le 11 avril 2020 que les choses ont commencé à déraper, insidieusement et vicieusement. J'ai décidé ce jour-là que j'aurai mon body summer cet été 2020. J'aurai enfin le corps de mes rêves, je n'aurai plus honte de moi-même à la plage. Je n'ai jamais été très à l'aise avec mon corps et notamment lors de la période estivale. Je trouvais mes amies hyper bien foutues et j'avais sans cesse l'impression de faire tache à côté, comme la copine sympa, mais qui n'a rien à montrer en bikini sur la plage. Cette année-là, tout cela serait terminé, je serai fière de l'image que je renverrai de moi, des abdos que je me serai formés. Pendant le confinement, il y avait sur les réseaux sociaux un concept de cours de sports en visio. Nous étions plusieurs milliers à nous connecter et des coachs sportifs nous faisaient chaque soir des cours pendant une petite heure. Rien de bien alarmant aux premiers abords. Toutefois, lorsque j'ai commencé à suivre ces cours de sport, j'avais la volonté ferme de perdre du poids alors que j'avais un poids totalement correct, je n'avais pas spécialement de poids à perdre bien que mon apparence me complexait beaucoup depuis toujours. J'ai toujours été très sportive et donc assez musclée. Mes cuisses étaient ainsi assez volumineuses, ce qui était difficile pour moi à assumer. J'ai donc décidé à ce moment d'arrêter de me resservir à table et de faire chaque jour au moins une petite heure de sport après mes cours. Je me disais que cela compenserait le fait que je ne m'active plus pour marcher de chez moi au lycée. Au niveau alimentaire, j'ai toujours adoré manger. J'étais plutôt un bec salé, le sucré ne m'attirait pas vraiment. Je ne me prenais pas spécialement la tête sur l'alimentation. J'avais déjà essayé par le passé, en 2017, de contrôler ce que je mangeais, mais sans réellement réussir, j'étais trop gourmande pour me priver de manger. Alors certes, je culpabilisais un peu d'aller au fast-food ou de manger des choses grasses, mais ça n'a jamais été une obsession. J'avais déjà essayé de compter mes calories, mais à l'époque ça me fatiguait, je n'y connaissais absolument rien et je ne voyais pas l'intérêt de connaître tous ces chiffres par cœur. Depuis le début du confinement, je pensais souvent au fait qu'on se dépensait beaucoup moins et j'ai commencé à développer une peur irrationnelle de prendre du poids, c'est pourquoi je me tenais chaque jour à mon heure de sport, pour garder bonne conscience. La question du poids était devenue une vraie question de société. Combien de kilos allions-nous prendre ? Comment aurons-nous notre body summer pour l'été 2020 ? À cette époque, j'ai commencé à chercher sur Internet, comment perdre quelques kilos avant l'été. Je voyais qu'on me conseillait des centaines d'astuces miraculeuses comme de réduire mes calories, de boire plus d'eau, de me faire vomir, de faire du sport chaque jour, de manger moins de féculents et d'arrêter le sucre. J'ai donc commencé à appliquer ces conseils sans savoir qu'ils me mèneraient quelques mois plus tard aux portes de la mort.

Je commençais à manger beaucoup plus de fruits et légumes au lieu de manger des gâteaux. Dans un premier temps, j'ai supprimé le goûter, changé mon petit-déjeuner et j'ai arrêté les produits laitiers. Avant cela, je n'aimais pas plus que ça les fruits et les légumes. J'en mangeais parce qu'il le fallait, mais je ne me tournais pas vers cela quand j'avais faim. Je me dirigeais plus naturellement vers des biscuits ou du pain avec de la pâte à tartiner. À ce moment-là, je me suis persuadée que j'adorais tous les fruits et les légumes et je me suis donnée comme règle de ne manger que cela quand j'avais faim ou envie de manger quelque chose. Je commençais à diaboliser les aliments que j'appelais « aliments interdits ». Je ne m'autorisais pas ces aliments en semaine, mais je faisais une petite exception le week-end où je m'accordais un petit plaisir.

J'ai commencé doucement à perdre mes premiers kilos. Vicieusement, insidieusement, mais petit à petit le nid de la restriction se formait. Je voyais que je flottais un peu plus dans mes habits, mais à l'époque, je ne me pesais pas. J'avais peur de me peser sur la balance de chez mon père, car c'était une balance connectée et que j'avais trop honte de mon poids. Un jour, ma belle-mère m'a dit que je m'étais affinée, que j'avais perdu mes rondeurs de l'enfance pour mes formes de femme. Je ne m'en étais pas spécialement rendu compte, mais j'avais commencé ma chute vers les ténèbres.

Nous avons enfin été déconfinés le 11 mai 2020. À l'époque, je me surprends à ne pas vraiment avoir envie de revoir mes copines. J'étais bien dans ma routine, j'avais mes petites habitudes, j'allais à mon rythme et ça m'allait très bien comme cela. J'ai eu du mal à profiter des moments avec mes proches. Je m'imaginais que les retrouvailles seraient incroyables, finalement, je me surprenais à rêver de nouveau à un confinement, lors des moments entourés, je songeais à quand je retournerai chez moi pour me blottir dans mon lit, seule. Lorsque je retrouvais mes amies, certaines me disaient que je m'étais un peu affinée, que cela m'allait bien. J'ai alors décidé de monter sur la balance et j'ai découvert qu'en effet, j'avais perdu deux kilos depuis le mois de mars. J'avais très peur à ce moment-là de reprendre le poids que j'avais perdu. J'ai alors continué à faire attention à mon alimentation, limiter les aliments que je caractérisais comme « interdits », car trop caloriques ou trop gras. Mon poids à l'époque restait tout à fait convenable et je juge maintenant que bien que les mécanismes se soient mis en place à ce moment, cela ne relevait pas encore de l'obsession, car toute ma vie ne tournait pas autour de cela, si on me proposait d'aller manger dehors, je savais mettre de côté mes nouvelles habitudes alimentaires. Néanmoins, petit à petit, mes règles se durcissaient et je m'autorisais de moins en moins « d'écarts ».

Le 19 mai, nous avons eu les premiers résultats de Parcoursup. À l'époque, j'avais mis un peu de toutes les formations, de la licence de droit, au DUT information communication, jusqu'à la prépa commerce. Je n'avais aucune idée de ce que je voulais réellement faire. J'avais donc repoussé le moment de faire un choix jusqu'aux affectations. J'étais tout de même maintenant obligée de décider de ce que je voulais faire. Je me souviens que cette époque a été extrêmement difficile. Je passais mon temps à pleurer, car c'était la première fois que je devais faire un choix par moi-même, décider de mon avenir. La décision était bien trop lourde à porter pour moi qui n'avais jamais rien eu à décider. J'étais assez étonnée d'avoir été acceptée en classe préparatoire. Je ne pensais vraiment pas avoir les notes pour y être prise. J'étais également acceptée dans un DUT information communication et je passais mes journées à pleurer et mes nuits à actualiser le site des résultats d'affectation. J'étais incapable de décider par moi-même de mon avenir, je voyais les places défiler, je suivais mon évolution chaque jour sur des tableaux Excel. En discutant avec mon entourage, et notamment avec mes parents et mes professeurs, ils m'ont raisonné sur le fait que j'avais les capacités d'aller en prépa. C'était une chose à laquelle je n'avais jamais pensé avant. Mes copines du lycée qui voulaient aller en prépa me parlaient de la difficulté de ces études, mais je n'avais absolument pas envisagé de tenter ma chance également. Je ne voulais pas faire que du théorique après le Bac, j'avais envie de me lancer dans des projets plus concrets. Après plusieurs douloureuses semaines d'hésitation, j'ai refusé le DUT pour accepter la classe préparatoire économique et commerciale option scientifique du lycée Montaigne dans l'attente d'avoir un autre établissement. Je pense que j'ai pris cette décision en grande partie pour ne pas décevoir mes proches qui jugeaient que viser le DUT, c'était viser en deçà de mes capacités et qu'ayant été dans les premières de classe toute ma scolarité, je pouvais oser la classe préparatoire.

Le 19 juin 2020, j'ai organisé un shooting photo pour l'anniversaire de ma meilleure amie, Oriane. J'avais demandé à mon amie, Ella, qui est photographe et qui capture à chaque fois de magnifiques moments, de nous prendre en photos. J'adore son style, elle nous a vite mis à l'aise et nous a donné des conseils pour poser devant sa caméra. Nous nous sommes prêtées au jeu avec mes trois meilleures copines, Eva, Oriane et Lou. Nous avons fait des photos de groupe et des photos individuelles. Je posais déjà pour elle avant le confinement, mais là, je me sentais totalement illégitime, car je ne me trouvais pas assez belle par rapport à mes copines pour me faire prendre en photo. J'ai tout de même passé un très beau moment avec mes amies et j'avais hâte de recevoir les photos de nous quatre. Quelques jours plus tard, j'ai découvert les photos et cela m'a fait un réel choc. Je me suis trouvée énorme, disproportionnée. Mes copines avaient le corps idéal, moi je ne voyais que mes bourrelets et la tonne de gras que j'avais sur les jambes et le ventre. Je me souviens avoir pleuré devant ces photos, je me suis vue encore plus grosse que je ne le pensais. Pourtant, j'avais perdu du poids depuis le dernier shooting. Cela voulait-il dire qu'avant j'étais vraiment très ronde ? Je ne sais pas, je ne sais plus. Ce qui était sur c'était que je voulais être aussi élancée que mes copines, et pour cela, il me fallait encore perdre quelques kilos superflus. Secrètement, je les enviais beaucoup, elles n'avaient aucun problème avec la nourriture et une d'entre elles voulait même prendre du poids, mais n'y arrivait pas. Je ne comprenais pas cela, le fait qu'on veuille prendre du poids. Je comprenais encore moins que l'on n'y arrive pas, c'était pourtant super facile de prendre quelques kilos, enfin, c'est ce que je pensais…

Les résultats du bac tombent quelques jours plus tard, le 7 juillet. Je suis admise avec mention bien en filière scientifique. Cette nouvelle aurait pu me réjouir, mais il en était autrement, j'étais totalement dégoûtée. Je m'étais depuis toujours promis que j'aurais la mention très bien. J'avais l'impression d'avoir travaillé toutes ces années pour rien. J'étais extrêmement déçue de moi-même. Si j'avais donné plus d'efforts durant l'année, je l'aurai sûrement eu avec la mention supérieure. Certains penseront sans tort que c'est mon côté perfectionnisme qui ressort. Je sais que je ne suis jamais satisfaite de moi et que je me dévalorise sans arrêt, mais je n'ai jamais plaisanté sur ma performance scolaire, je l'ai toujours fait passer avant tout et j'étais très exigeante avec moi-même. Nous sommes allées avec mon amie Nina chercher nos résultats à Montaigne. Nous avions eu exactement la même note, pas étonnant pour le binôme que nous formions au quotidien. Nous n'avons pas vécu l'excitation des résultats. Nous savions déjà que nous avions le bac, il ne nous restait plus qu'à espérer les mentions. Nous étions chez Nina lorsque nous avons tous regardé nos résultats sur notre téléphone. Aucune émotion, aucun enthousiasme. Nous nous sommes annoncés nos mentions, sans aucune joie. La remise des diplômes s'est faite par groupe de 3 ou 4, pour ne surtout pas éparpiller le covid partout. Nous avons vu une dernière fois nos professeurs qui se tenaient à 2 mètres de nous et qui nous ont tendu notre collante bac, puis nous sommes rentrées chez nous. Pas de partage, pas de reconnaissance, aucune fierté. C'est la dernière fois que je suis rentrée dans mon collège-lycée et j'en garde un souvenir glaçant, aucun contact, seulement la distance physique et morale. C'était pour moi le passage d'une étape, le passage de l'adolescence à l'âge adulte. Ce passage, je l'ai vécu comme si j'avais été poussée violemment dedans, sans avoir eu le temps de dire au revoir à mon ancienne vie. Le lycée s'est terminé comme cela, chacun dans son coin, sachant que pour beaucoup, nous ne nous révérions jamais. Quelques jours plus tard, j'ai obtenu mon code de la route et j'en étais très satisfaite. Ma grand-mère allait m'offrir le permis qui représente pour moi une certaine forme d'autonomie pour mes 18 ans. Deux jours plus tard, j'ai été acceptée en prépa ECS au lycée Chaptal. Je pouvais enfin partir de Montaigne et ne pas passer encore deux années de plus là-bas. À la seconde où j'ai cliqué sur le bouton accepter, j'ai été prise d'une importante panique, je ne savais absolument pas dans quoi je me lançais, mais je ne pouvais plus revenir en arrière. Je me suis connectée au site de ma prépa et j'ai commencé à faire la tonne de devoirs qui était demandée. Il y avait beaucoup de mathématiques et une quinzaine de livres à lire en géopolitique, philosophie et littérature. Les livres ne me donnaient vraiment pas envie, je n'aimais pas spécialement lire, mais je m'y suis beaucoup appliquée et j'en ai lu une grande partie.

Mi-juillet, nous sommes partis avec mon grand-père, mon père, ma belle-mère, mes deux sœurs et mon frère à Megève pour quelques jours de vacances. Je me souviens que les rapports étaient extrêmement tendus avec Marie qui voulait d'ailleurs à un moment rentrer à Paris après une crise entre elle, mon père et ma belle-mère. L'ambiance était extrêmement lourde et la famille se dégradait un peu plus. C'était une petite fissure de plus sur ce grand rocher familial, mais elle causait des fragilités supplémentaires. Durant ce séjour, j'ai continué à réduire un peu plus mes quantités, à échanger des assiettes pour avoir le moins possible à manger, à rajouter de l'huile dans l'assiette des autres pour avoir toujours le sentiment de moins manger qu'eux. J'ai commencé à paniquer à chaque fois que nous allions au restaurant, à prendre les aliments les moins caloriques de la carte et à ne pas finir mon assiette, même si j'avais encore faim. Je continuais à faire une séance de sport par jour, le matin à jeun. Heureusement, durant ce séjour, je n'ai eu à me mettre en maillot qu'une fois. Mon père, qui adore capturer tous les instants, m'avait prise en photo ce jour-là et j'étais totalement dépitée de voir à quoi je ressemblais en maillot : une baleine. Mon objectif était alors de perdre encore un peu pour me sentir bien sur la plage quelques jours plus tard. À ce moment-là, je ne le savais pas encore, mais j'étais devenue totalement obsédée par mon corps, mon poids et l'alimentation. J'avais déjà perdu le contrôle alors que je pensais justement que j'en avais toute possession.

Je suis ensuite partie à St Malo avec ma Maman, mon frère et ma sœur. Mon beau-père, Georges, n'était pas venu avec nous, car il devait soi-disant travailler. J'ai passé quelques jours avec ma famille puis je suis rentrée avant eux à Paris, car je repartais avec ma Marraine, mon Parrain et mes deux cousins à l'île de Ré. En rentrant, Georges était là, mais il avait enlevé toutes ses affaires, je ne m'en suis heureusement pas rendu compte à ce moment-là, j'ai dormi chez moi puis suis repartie le lendemain à l'aube. Le jour de mon arrivée à l'île de Ré, j'ai reçu un appel de ma tante, qui m'a expliqué que mon beau-père avait enlevé toutes ses affaires, car il comptait quitter ma mère, qui était encore en vacances en Bretagne et qui ne se doutait d'absolument rien. Elle devait redescendre sur Paris quelques jours plus tard et il était hors de question qu'elle apprenne cette nouvelle en ouvrant la porte de la maison, seule avec mon frère et ma sœur et moi à l'autre bout de la France. Je savais qu'elle avait déjà eu des comportements violents vis-à-vis d'elle-même et de Georges pour les mêmes motifs, je ne m'imaginais pas Marie et Théo gérer cela seuls. Ses deux meilleurs amis, mes deux tantes, mon Parrain et ma Marraine étaient au courant, et moi qui n'avais rien demandé à personne. Ils m'ont tous énormément accompagnée à ce moment-là. Ses deux meilleurs amis ont appelé mon beau-père pour lui demander de remettre ses affaires et de faire comme si de rien était le temps que des proches de ma mère rentrent sur Paris et puissent l'entourer. Il l'a donc fait et j'étais en quelque sorte soulagée, même si je savais que les mois qui arrivaient allaient être particulièrement difficiles. Garder ce secret durant trois semaines a été extrêmement douloureux pour moi. J'essayais le plus possible d'éviter tout contact avec ma mère, mais parfois, je l'avais au téléphone et je devais lui mentir. Je me sentais comme une hypocrite, rendue coupable par complicité de cette séparation. Lorsque ma mère m'appelait, elle me racontait comme elle s'investissait dans la maison de campagne de Georges. Elle achetait de la décoration, repeignait les murs, cirait le parquet, tout cela pour que quelques semaines plus tard elle ne puisse plus jamais remettre les pieds là-bas.

Mon séjour à l'île de Ré s'est très bien passé, mais j'avais de plus en plus de mal à m'alimenter et ma Marraine et mon Parrain me l'ont fait remarquer pour la première fois. Personne ne m'avait vraiment demandé auparavant pourquoi j'avais diminué mes quantités, pourquoi je n'avais plus le même appétit qu'auparavant. Nous allions souvent au restaurant et notamment dans une pizzeria ou je n'arrivais à manger qu'une petite moitié de pizza. Je priais pour que personne n'entende les cris de gémissement de mon ventre qui ne faisait que réclamer de la nourriture et qui aurait trahi le fait que je mourrai littéralement de faim. Je prétextais ne pas manger beaucoup à cause de la chaleur, mais en réalité le climat ne me coupait nullement l'appétit. Je ne pouvais m'empêcher de m'imaginer à quel point j'étais grosse et flasque. Cela m'a étonné. Bizarrement, je perdais du poids et je me trouvais grosse, de plus en plus grosse. Durant les vacances à l'île de Ré, je n'avais pas accès à ma balance, mais j'étais persuadée que j'avais repris tout le poids que je m'étais efforcée de perdre ces dernières semaines. En rentrant, je me suis aperçue que j'avais encore perdu du poids, j'ai été prise d'une joie intense, mais je commençais à ressentir les premiers effets indésirables : moi qui n'étais d'habitude pas vraiment frileuse, je ne pouvais plus envisager de sortir de chez moi sans pull, alors que nous étions en plein mois d'août et qu'il faisait relativement doux. Mes cheveux commençaient à tomber, mais j'étais persuadée que c'était à cause de l'eau de mer. J'avais déjà perdu huit kilos, mais je ne m'alarmais pas du tout sur la situation, pour moi, je faisais simplement un petit régime pour être mieux dans mon corps. En réalité, c'était le début de la « chute sans faim ».

Après l'île de Ré, nous sommes allés à Lyon avec mon père et ma belle-mère, Charlotte. C'est alors que j'ai commencé à enlever des catégories entières d'aliments. Je ne prenais plus aucun produit laitier et plus aucune friandise. Dans la famille, nous avions instauré une tradition qui venait de l'enfance de ma belle-mère, nous avions chacun un petit verre de bonbons une fois par semaine que nous pouvions répartir sur toute la semaine. Je n'avais aucune envie de manger des bonbons, j'étais persuadée que ces « morceaux de sucre » allaient me faire grossir à toute vitesse. Lorsque j'avais mon verre, j'allais donc les jeter dans les toilettes pour ne pas être tentée de les manger. J'ai commencé également à écrire mon poids et chaque calorie avalée ou éliminée dans un petit carnet. Je passais mes journées à faire des additions sans aucun sens. Je me pesais avant et après chaque repas, parfois même la nuit. Je commençais d'ailleurs à me réveiller de plus en plus tôt avec la sensation d'être poignardée dans le ventre. J'avais terriblement faim, mais je pensais que si je faisais le moindre écart, je prendrais du poids. Je me prenais chaque jour en photo sous tous les angles pour me comparer. Je détestais me prendre en photo le soir, car mon ventre était tout gonflé de la journée, mais je le faisais quand même pour voir les « dégâts » du jour. Cela s'arrangeait durant la nuit et mon ventre redevenait creux. Je perdais du poids à vue d'œil, mais je ne me voyais absolument pas maigrir. Pour moi, je n'avais pas changé de taille, pas changé de physique. Je continuais à porter mes habits d'avant, certes, j'avais dû percer un nouveau trou à ma ceinture, mais je ne voyais pas spécialement de problème à cela. Nous avons eu une discussion avec ma belle-mère, mon père et mes trois frères et sœurs à Bron. J'avais pris la décision que pour gagner du temps de transport et pour faciliter les choses pour moi sur le plan scolaire, j'allais arrêter la garde alternée et résider uniquement chez ma Maman. Nous en avons un peu discuté et nous avons établi que j'irai chez mon père une semaine sur deux le lundi soir pour garder un lien. Pour moi, cette annonce a sonné l'heure de la libération. J'adorais passer du temps aussi bien chez mon père que chez ma mère, mais à force, j'avais cette impression pesante de vivre avec une valise sur le dos et de ne jamais me poser fixement. Chaque semaine, il fallait de nouveau changer de parents, de maison, d'atmosphère, de repères et de cadre. Cette question de cadre a très souvent été débattue, car nos parents ne voyaient pas les choses unanimement. Chez notre père, il y avait des règles et un cadre assez délimité où nous ne pouvions pas beaucoup laisser de place à l'imprévu. J'ai toujours trouvé cela assez injuste dans le sens où mon père n'était pas quelqu'un de très organisé et qu'il ne prévoyait pas lui-même les choses à l'avance. Mon père a toujours pas mal contrôlé nos écrans et notre usage des réseaux sociaux. Je n'ai jamais osé à l'époque lui dire que cela me dérangeait, car je ne me sentais pas légitime de m'exprimer sur cela étant mineure. Nous habitions dans la banlieue ouest de Paris, je me suis souvent sentie assez loin de mon cercle amical qui ne venait pas beaucoup chez mon père en raison de la distance de chez lui. Nous devions prévenir à l'avance si nous voulions passer le week-end ailleurs et rentrer à une certaine heure après les cours. Mon père et ma belle-mère prenaient cela comme du respect familial alors que je pense qu'il est également important à cet âge-là de laisser un peu de place à l'imprévu. Chez mon père, nous accordions beaucoup de temps à la famille et à des activités qui étaient plutôt destinées à mes deux petits frères et sœurs. Je n'avais pas l'impression que mon avis était spécialement consulté lorsqu'ils élaboraient le planning et sûrement suite à certaines croyances, mais aussi à certaines remarques de leur part, je culpabilisais lorsque je n'assistais pas aux sorties au parc ou à la visite d'un musée. En bref, rien de particulièrement anormal jusque-là. Le problème, c'est que nous passions de ce climat où tout filait à peu près très droit, à chez ma mère qui nous laissait beaucoup plus libres, qui nous laissait sortir avec nos amis sans forcément tout anticiper. Il n'y avait pas vraiment de relations familiales ou d'activités où nous étions tous réunis avec ma mère, mon beau-père et mes frères et sœurs. Nous avions chacun, notre relation avec notre mère avec qui nous passions des moments seuls a seuls. Souvent, les nerfs lâchaient chez ma mère, après les semaines passées chez mon père où nous faisions tout pour ne pas nous disputer devant eux. Chez ma mère, nous nous hurlions dessus, on claquait les portes, on s'engueulait ouvertement. J'ai toujours voulu que notre système de garde soit revu, mais je n'avais pas le courage de le demander par peur qu'un de mes deux parents se sente lésé et blessé par un quelconque choix.

À la fin de notre séjour à Lyon, ma belle-mère m'a fait remarquer qu'elle me trouvait un peu trop mince et qu'il allait falloir que je me nourrisse bien en prépa, sans quoi je n'allais pas pouvoir me concentrer comme il se doit sur mes études qui promettaient d'être ardues.

Pour terminer l'été en beauté, nous avions pour habitude avec mes trois meilleures copines du cirque, Eva, Oriane et Lou de partir en vacances pendant une petite semaine. Cet été-là, nous sommes parties à Saubusse, près d'Hossegor. Nous avons passé un super beau moment malgré l'angoisse scolaire qui commençait à monter pour Eva et moi, car nous nous préparions toutes les deux à entrer en classe préparatoire. Nous allions tous les jours à la plage, faisions des balades à vélo et cuisinions chaque soir pour les grands-parents de Lou et nous quatre. Je n'ai pas spécialement eu de difficultés à manger peu cette semaine-là, car mes copines n'étaient pas de grandes mangeuses. Je me comparais beaucoup à elle en maillot de bain sur la plage et je me répétais en boucle qu'elles, au cirque elles étaient également voltigeuses alors que moi, j'avais toujours été celle qui porte. Pour moi, l'écart entre nous était immense et j'avais l'impression que tous les beaux surfers de Hossegor allaient le remarquer. Nous sommes rentrées fin août à Paris, pour la rentrée scolaire. La première chose que j'ai faite en arrivant a été de me peser. Cette pesée m'a fait un choc. J'avais perdu dix kilos depuis le début du confinement. Pourtant, je n'avais pas l'impression d'avoir minci, j'avais l'impression que je faisais toujours le même poids qu'avant.

Chute sans filet

Trébucher peut devenir une chute.

Thomas Fuller

Le 1er septembre à 8 heures, j'ai fait ma rentrée en classe préparatoire au lycée Chaptal. Cela me faisait bizarre de retrouver une classe, car depuis 6 mois nous n'avions pas mis les pieds en cours. Les profs nous ont mis tout de suite dans le bain. Ils nous ont conseillé de travailler six heures par jour en plus des cours, DST et khôlles. Dès le premier jour, nous avons eu un devoir de mathématiques, que je n'ai pas si mal réussi que ça. Les premières paroles de mon professeur de maths étaient « on va vous détruire pour mieux vous reconstruire ». Celui-ci nous a également conseillé de retirer quinze minutes de sommeil quotidien chaque semaine pour qu'en fin de compte, on puisse dormir seulement quelques heures sans être fatigués. Ma classe était titanesque, nous étions quarante-sept, mais les profs nous avaient dit que seulement une trentaine finirait l'année et passerait en seconde année. Tout cela dès le premier jour m'a un peu démotivée, mais j'avais une certitude, je voulais être dans les meilleurs parmi les meilleurs et me donner toutes les chances de réussir et de performer aux concours, but ultime de la classe préparatoire. Dès le premier soir, je me suis mise à travailler pendant quatre heures alors que nous n'avions qu'un exercice d'anglais à faire. J'ai fait des recherches, appris du nouveau vocabulaire, fiché les cours que nous avions eus dans la journée. Bref, j'ai démarré à mille à l'heure. Je ne voulais pas prendre de faux départ et je pense aujourd'hui que je me suis mis bien trop de pression dès les premières secondes de la prépa. On m'avait prévenue que les notes ne volaient souvent pas haut, mais je ne m'attendais pas à ce que cela soit autant le cas. À mon premier devoir de maths, j'ai eu 6/40, cela peut paraître médiocre, voire mauvais, mais je me positionnais à la sixième place avec cette note-là. En ce début d'année, j'occultais tout ce qui se passait autour de moi. J'avais l'impression que plus rien ne pouvait m'atteindre, seuls les cours étaient importants. La prépa appelle à une compétition souvent toxique entre les élèves ou les établissements. Avec mes amies dans ma classe, je n'ai pas spécialement ressenti cette compétition, mais nous étions toujours classés et comparés, ce qui était, je trouve, assez humiliant. Les professeurs de prépa nous notaient très sévèrement. C'est le jeu dans ce système, mais ça a été très dur pour moi, car j'étais parmi les meilleures élèves au lycée et je me retrouvais dans une classe avec seulement les premiers de chaque établissement. Cela me coûtait énormément d'autant travailler pour des notes aussi médiocres. Je vivais très mal les réflexions de certains professeurs, notamment les khôlleurs qui nous rabaissaient souvent. De plus, la prépa demandait un contrôle de ses connaissances, une organisation exemplaire et nécessitait d'augmenter sans cesse sa productivité. Tout cela donnait du terreau à ma rigidité déjà bien installée. Dès la rentrée, j'étais extrêmement stressée quand je n'avais pas la tête dans les cahiers et que je prenais du temps pour me reposer. Le 9 septembre, nous avons fait notre première sortie avec ma classe pour aller au musée, voir une exposition sur Pompéi. Nous avons ensuite dîné ensemble et je me souviens avoir fait une énorme crise de larmes, car j'avais perdu du temps sur mes révisions en m'accordant la soirée à faire la connaissance de mes nouveaux camarades de classe. Je visualisais tous les gens qui me doublaient, qui prenaient la place que je leur laissais en m'étant autorisée de sortir ce soir-là. Dès le début de l'année, je me suis rapidement liée d'amitié avec deux filles dans ma classe, Théa et Lena. À l'époque, nous parlions déjà de la deuxième vague du Covid et éventuellement d'un nouveau confinement. Nous devions au maximum limiter les contacts entre les différentes classes et nous mangions en petits groupes à la cantine. Le lycée Chaptal faisait collège, lycée, prépa, il y avait donc énormément de classes à faire déjeuner. Nous avions des tranches horaires de dix minutes pour le repas. Théa était très difficile niveau alimentation et ne mangeait presque rien. Cela m'a donc permis de faire comme elle et de ne pas paraître vraiment suspecte à ne pratiquement rien manger. Je disais que je n'aimais rien et je mangeais uniquement un petit morceau de pain. Je prétextais à mes copines que je mangeais bien le matin et le soir pour rattraper cela alors qu'il n'en était rien et je pense qu'elles le savaient très bien. Le soir, en rentrant, je mentais à ma mère en lui disant que je devais travailler sans être interrompue et que je dînais vers 22 heures, heure à laquelle elle était déjà couchée. Je me contentais d'une salade composée et d'une pomme dans un premier temps puis je diminuais les portions jusqu'à ne manger que de la salade avec du sel, des tomates et une pomme. Je ne m'accordais que 15 minutes pour le repas et très souvent, je révisais quand même pendant celui-ci. Ma Maman s'était faite quitter mi-août et était en forte dépression. Elle passait ses journées à pleurer et ne se nourrissait plus. Je la voyais énormément souffrir de cette rupture et j'essayais comme je le pouvais de réduire sa peine. Je ne m'accordais que très peu de temps pour moi, mais ces temps-là, je les passais avec ma Maman à discuter et à essayer de lui remonter le moral. Elle a commencé à beaucoup plus sortir et à rencontrer de nouveaux hommes sans toutefois accepter sa rupture avec Georges.

29 septembre 2020, la petite voix s'exprime (*à ne pas lire si vous êtes trop sensibles sur ce sujet*)

« Si tu as besoin de lire ça pour te remotiver dans tes objectifs, pense à tous les kilos que tu perds quand tu y mets du tien, que tu ne te laisses pas aller comme une feignante. Est-ce que tu as envie d'être encore et toujours cette fille rejetée par les autres parce que tes cuisses sont trop grosses ? Est-ce que tu veux encore être la risée d'un groupe à cause de tes formes, avoir honte d'accompagner tes amies faire du shopping parce que tu ne portes pas la même taille qu'elles ? Nouvelle année, nouveau départ, cette année, c'est hors de question que les gens de Chaptal me voient comme la petite grosse avec de l'acné. J'ai une chance cette année, c'est qu'on porte le masque en permanence et que personne ne verra mon hideux visage plein de boutons. Cette année, je ne fais plus d'écarts. Les aliments gras tuent mon corps et le rendent juste plus moche. Et puis la nourriture, c'est un plaisir trop éphémère, une fois mangée le bonheur disparaît, alors que le poids perdu lui demeure. Pense à la toi d'il y a quelques mois, pense à quel point tu la rendrais fière de lui montrer que toi aussi, tu peux rentrer dans la même taille que ces mannequins. De toute manière, tu es encore une immense marge, tu es encore pleine de gras, tu ne ressembles pas à ces mannequins qui font le même poids que toi, car toi, c'est de la graisse que tu as et la graisse pèse moins lourd que le muscle. Tu n'as certainement pas encore atteint les objectifs. Si tu sors du planning alimentaire qu'on a convenu, tu dois faire une heure de sport en plus, réduire les portions sur les repas suivants. Pour combler ta faim, utilise toutes les tactiques que tu connais, nourris-toi d'eau et d'air. N'oublie pas que la faim ça ne dure pas. Si tu l'ignores, elle disparaît. Fais comme si elle n'existait pas, occupe-toi, travaille, fais du sport, tu la ressentiras moins et tu perdras plus vite. Si tu ne le fais pas, c'est juste que tu illustres parfaitement à quel point tu es nulle dans tout ce que tu fais, dans tout ce que tu entreprends. Libre à toi de choisir cette voie, mais garde à l'esprit que cela ne viendra que valider ce que tous pensent de toi. »

Aujourd'hui, je me demande à quel point j'ai pu et je peux encore me haïr à ce point pour avoir un jour écrit et affiché cela dans ma chambre. J'ai tenu à mettre cet extrait de mon journal intime, qui est difficile pour moi à relire, car j'aimerais que vous vous rendiez compte à quel point nous pouvons nous autodétruire dans cette maladie, à quel point nous sommes impitoyables avec nous-mêmes. Cette petite voix de l'anorexie, comme on le dit, n'existe pas, nous ne souffrons pas comme d'autres pathologies d'hallucinations auditives. La voix que nous entendons, c'est notre voix, la voix de notre douleur qui s'exprime dans ses termes, celle de notre hyper exigence et de notre infini manque de confiance en nous. Cette « voix » me parle en continu, toute la journée, du réveil au coucher, à me dénigrer, à me dire que je suis trop ou pas assez, à me réduire à un petit rien. Pour lutter et mettre à distance ces paroles, cela nécessite de lutter pour les écraser, de répondre à cette voix en la contredisant : « je suis moche, personne ne veut de moi » – « non, tu es plutôt jolie, ton entourage te le dit souvent ».

Au bout de quelque temps, ma mère a rencontré un homme, James, qui est à l'heure actuelle son compagnon. À cette époque-là, elle entamait une relation avec cet homme, mais continuait d'essayer désespérément de récupérer Georges. Elle se mettait souvent sur mon lit en me donnant tous les avantages et inconvénients des deux et me demandait mon avis sur qui elle devait choisir. Mon avis s'est assez rapidement tourné vers James, je voyais ma mère tellement détruite par sa rupture avec Georges que je ne m'imaginais pas qu'elle reprenne une relation avec son ancien compagnon. Lorsque ma mère était à la maison, elle était très triste et n'était pas en mesure d'assurer pleinement les tâches du quotidien alors je l'aidais beaucoup. Je faisais les tâches ménagères, j'allais faire des courses, parfois, je m'occupais de mon frère. Je m'occupais surtout à ce moment-là de ma propre mère, si bien qu'elle me disait parfois que j'étais sa mère ou sa « room-mate ». Tout cela en plus de l'extrême rigidité que je m'imposais en prépa et de mon alimentation très restreinte me laissait sans répit, épuisée. En cours, j'avais l'impression d'être nulle dans tout ce que je faisais. Tous mes acquis passés étaient réduits à néant. J'étais comme une ignorante, un échec. Le pire, c'est que l'on m'avait prévenue que mes notes seraient mauvaises et que c'était normal. Le choc n'en a pas été moins important. J'avais l'impression que mes parents avaient oublié de cocher la case « intelligence » et que toutes mes notes du lycée relevaient uniquement de la chance. Parfois, je me disais même qu'il y avait dû y avoir une erreur de recrutement et que mon admission en prépa relevait uniquement d'un malentendu. J'intensifiais alors de plus en plus mon travail, optimisais mes journées au maximum. Je commençais dès 6 heures avec du vocabulaire de langues, puis mon petit-déjeuner en écoutant les infos. Sur le chemin pour aller en cours, j'écoutais mes fiches que j'avais enregistrées à l'oral. Dans le métro, je révisais mes dates de géopolitique puis à la sortie du métro, je prenais le journal que je lisais en remontant la rue de Rome. Mes cours se terminaient souvent entre 19 heures et 20 heures. Je faisais le même cycle de révisions. En rentrant, parfois, je descendais deux arrêts avant pour pouvoir marcher un peu plus, pour brûler un peu plus de calories. Ensuite, je me mettais à faire des exercices et à ficher mes cours. Pour m'accorder une petite pause, j'allais me doucher, mais là aussi, j'avais tout optimisé. Mes verbes irréguliers d'Allemand étaient plastifiés et je devais en apprendre cinq en cinq minutes de douche. Me laver était aussi le seul endroit où je m'autorisais à lâcher un peu mes nerfs et à pleurer, sinon je perdais du temps inutilement. Je travaillais jusqu'à 23 heures, je « dînais » puis je faisais une session d'apprentissage de mots de vocabulaire juste avant de tomber de sommeil. Pour autant, j'adorais plus que tout ce qu'on apprenait, cela m'intéressait énormément et j'accumulais des tonnes de connaissances chaque jour qui me donnaient l'impression d'atteindre une richesse culturelle et intellectuelle importante.

Malgré cette pression continuelle, je m'accordais chaque dimanche matin un petit temps avec mes amies. J'organisais des brunchs où je cuisinais tout plein de bonnes choses à manger et je regardais mes amies déguster tout ce que je m'interdisais. J'éprouvais un certain bien-être à cuisiner pour les autres et à les voir manger, tout en gardant le ventre vide. Je devais aller dîner chez mon père un lundi sur deux. Cela était source de grande angoisse, mais je dînais comme si de rien était. Je ne voulais pas attirer l'attention et surtout pas qu'on me demande pourquoi je perdais autant de poids. J'avais à ce moment-là déjà perdu quinze kilos, j'étais épuisée, j'avais des vertiges à chaque fois que j'étais debout, je voyais tout noir en me levant, je perdais énormément de cheveux, par grandes poignées. Je limitais d'ailleurs les fois où je me les brossais, car j'enlevais à chaque fois des mèches entières. J'étais sans cesse frigorifiée. Le froid était terrible, rien ne pouvait me réchauffer. Je grelottais même sous 3 couches de pulls, collée contre le chauffage. Mes mains, mes pieds et mes lèvres étaient toujours bleus, une fois, mes camarades de classe ont pensé que je m'étais mis de l'encre sur les lèvres. Je n'avais plus mes règles, j'avais des idées suicidaires constamment, je traversais sans regarder la route, je passais devant le parking de la rue de Rome tous les matins et tous les soirs en priant pour que je me fasse percuter par une voiture. Rester assise trois heures en amphi relevait d'une réelle torture, c'était insupportable tant j'avais mal aux os d'être sur une chaise. Mon corps était en mode survie, il était réduit aux fonctions vitales minimum qu'il pouvait encore assurer. C'était épuisant de sentir son corps partir et sa tête lutter. Je ne faisais pas vraiment le lien entre mon alimentation et tous ces symptômes, je les mettais de côté et étais happée par l'euphorie de la perte de poids.

Les vacances d'automne sont arrivées très rapidement et j'ai décidé de m'accorder deux jours de vacances. Pour la première fois depuis septembre, je pouvais penser à autre chose qu'aux cours et j'ai implosé à ce moment-là. Toutes les choses que j'occultais depuis plusieurs semaines me sont arrivées en pleine face et notamment la surcharge de travail, de taches et d'émotions qui m'assaillaient et que je m'efforçais de refouler. Je me sentais extrêmement vide et extrêmement seule face à tout cela. Cette semaine-là, le 28 octobre 2020, le deuxième confinement a été annoncé. Si le premier confinement m'a fragilisé fortement, le deuxième m'a, je pense, détruite. Néanmoins, l'annonce de celui-ci a été plutôt un soulagement, car c'était l'occasion de travailler davantage.

Les professeurs nous ont d'ailleurs dit que c'était une bonne chose, que cela nous éviterait les distractions et nous permettrait de rester focalisé sur les cours. Au départ, nous ne savions pas vraiment si les prépas allaient avoir cours en présentiel, mais cela s'est rapidement confirmé. Tous les étudiants qui dépendaient d'une fac avaient cours en visio tandis que nous avions cours en présentiel, car, notre prépa dépendait d'un lycée, qui était à l'époque ouvert. Nous avions des autorisations de sortie pour aller en cours. Ma vie se résumait mot pour mot au métro (ma Chère Ligne 13), boulot, dodo. Rien d'autre n'existait. Les seules exceptions que je faisais, étaient de retrouver mon amie et voisine Pauline dans les rayons du supermarché en bas de chez moi pour discuter quelques minutes. Par ailleurs, à cette période, j'ai commencé à visiter tous les supermarchés possibles et inimaginables, car c'était le seul lieu où nous avions l'autorisation de nous rendre à part les cours. C'était comme une coupure du monde, une pause dans mon quotidien à mille à l'heure. J'arpentais les rayons avec méticulosité. Je regardais chaque aliment dont je rêvais intérieurement, regardais toutes les étiquettes. Je me sentais entourée et d'une certaine manière rassurée par la nourriture. Toutefois, parfois, cela me causait l'effet inverse. Voir autant de nourriture autour de moi pouvait aussi m'angoisser fortement, car j'avais une peur intense de perdre le contrôle et de me mettre à tout manger dans le magasin.

Il y avait cette addiction à la maigreur, à la perte de poids, mais ce n'était pas la seule obsession. Tout ce que je commençais à consommer, j'y devenais totalement accroc. C'est comme ça que tous mes aliments avaient un goût extrêmement sucré en permanence, car je mettais des vingtaines d'édulcorants sans calorie dans mon café, yaourt, thé… Je pouvais consommer 50 chewing-gums par jour, avaler des boîtes de bonbons sans sucre et des litres de boisson light. Mon ventre était d'ailleurs extrêmement ballonné à cause de tout le gaz que j'ingurgitais. Je mettais également énormément d'épices dans mes plats, j'avais besoin que ce que je mange ait beaucoup de goût sinon j'avais l'impression de gâcher mes calories inutilement. J'ai aussi développé des addictions dangereuses pour ma santé. Je prenais chaque jour des pilules minceurs en quantité déraisonnée. Je consommais des centaines d'édulcorants par jour. Je buvais des litres et des litres d'eau, de boisson sans sucre, de café et de thé pour combler le vide en moi. À l'apogée de cette addiction, qui se nomme la potomanie, je pouvais boire entre 6 à 8 litres par jour, tandis que d'autres jours, j'avalais difficilement un café. Boire autant est mortel pour la santé. Je prenais aussi des dizaines de laxatifs et des diurétiques pour me vider lorsque je faisais face à un écart alimentaire ou à un repas « imprévu ». J'avais ce besoin de me sentir me vider entièrement, même si cela ne changeait absolument rien au niveau du poids après ce que j'avais ingurgité, car je ne perdais que de l'eau, mais ça, je ne le savais pas à l'époque.

Durant ce deuxième confinement, j'essayais tant bien que mal de m'accorder une soirée dans la semaine où je faisais autre chose que de travailler. Au départ, la plupart du temps, je lançais un film sur lequel je n'arrivais absolument pas à me concentrer puis je tombais de fatigue devant mon ordinateur. Ne pas manger fatigue énormément le corps, il ne fonctionne plus qu'avec ses ressources de survie qu'on accepte bien de lui donner. Très rapidement, j'ai organisé une autre stratégie : autant optimiser ce temps-là également. Je me suis mise à regarder des films historiques, notamment sur la Guerre Froide et la Seconde Guerre mondiale pour travailler mes cours de géopolitique. Je m'obligeais à prendre des notes pendant parfois 2 h 30. Je me disais que peut-être, je pourrais aller chercher dans un film, un petit détail qui ferait la différence sur une de mes copies. Je m'accordais également de manger un petit peu plus le samedi soir. Je me préparais toujours le même plat en contrôlant les quantités, dérisoires, mais je mangeais quelque chose qui me donnait envie. Je mangeais ce plat devant mon film, extrêmement lentement. Tellement lentement que je pouvais le réchauffer jusqu'à cinq fois. Pour vous donner un ordre d'idée, je mangeais dans un bol minuscule et je terminais souvent mon repas en même temps que le film. Néanmoins, parfois, mes prises alimentaires pouvaient ressembler à de véritables pulsions animales. Quand je prenais un aliment que je m'autorisais, je me dépêchais de le mettre dans ma bouche pour que surtout la maladie n'ait pas le temps de me l'interdire. Le peu d'aliments plaisirs que je m'autorisais, je me dépêchais de l'avaler sans même en profiter.

Les semaines passaient petit à petit et ma Maman commençait à partir de plus en plus avec James, un soir, un week-end puis une semaine sur deux lorsque mon frère et ma sœur n'étaient pas là. D'une certaine manière, j'aimais la solitude, cela ne me faisait pas perdre de temps et au moins, personne ne me posait de question sur mon alimentation ou mon temps de travail. À cette période, j'étais contente d'être autonome et j'occultais totalement le fait que je me sentais abandonnée, seule et que je perdais de plus en plus pied.

Les journées me paraissaient interminables et routinières. Il n'y avait aucune place pour l'imprévu, tout était sous contrôle, enfin, c'est ce que je croyais. J'avais cette volonté d'être parfaite. Je pense qu'au fond de moi, j'avais cette peur de ne pas être aimée si je n'étais pas irréprochable dans tout ce que j'entreprenais.

Je passais mon temps à m'obstiner à apprendre les choses par cœur, les dates, les mots de vocabulaire, les verbes irréguliers, les déclinaisons, les théorèmes de mathématiques, les calories, les distances et le nombre de pas entre deux points. Je faisais cet apprentissage sur un vélo elliptique et je m'autorisais à m'arrêter de pédaler uniquement lorsque j'avais accompli ma tâche. Je me suis retrouvée assaillie de mots et de chiffres à retenir par cœur et je me suis vite rendu compte que même en m'acharnant à la tâche, je ne retenais que très peu de choses. Avec le recul, je peux même dire que j'ai oublié presque toutes les choses que j'ai vainement apprises à cette époque. Certes, sur le coup, cela fonctionnait parfaitement. Je pouvais ressortir par cœur tous les états des États-Unis du jour au lendemain pour le devoir, mais cela ne fonctionne pas comme cela en prépa. Le plus important n'est pas de connaître son cours pour le devoir du samedi matin, mais pour le concours en fin de deuxième année. Autant vous dire que je n'étais pas du tout sur la bonne longueur d'onde et que ma stratégie n'était absolument pas adaptée. J'étais obnubilée par la volonté d'être la meilleure, et celle de perdre du poids. Cela ne me laissait pas de place pour une vie sociale, pour la famille, pour une vie amoureuse, pour profiter des petits plaisirs de la vie et faire des activités.

L'hiver faisait sa place et c'était de plus en plus dur à gérer pour moi. Lors des cours, nous avions tous un masque, mais nous devions laisser les fenêtres ouvertes et faire un courant d'air. Se retrouver au milieu d'un courant d'air pendant quatre heures sans bouger était très éprouvant. Je me couvrais énormément, je pouvais mettre jusqu'à quatre pulls, une doudoune, des gants, un collant, une écharpe, un bonnet. Rien n'apaisait le froid que je ressentais. J'avais des bleus sur les fesses et la colonne vertébrale à force de rester assise. Les nuits étaient de plus en plus longues et j'avais l'impression de ne jamais voir le soleil. Je partais de chez moi le matin, à 7 heures dans la nuit, nous restions notre journée en cours ou dans les amphis, nous apercevions la lumière du jour en nous rendant à la cantine et nous sortions souvent le soir après la tombée de la nuit. J'avais l'impression d'être dans un tourbillon gris, sombre, sans lumière, un tunnel plongé dans l'obscurité. Mon poids était toujours en chute libre. Mon objectif était de toujours faire un poids plus bas, de descendre encore un peu plus. Malgré le froid permanent, je prenais mes douches glacées et je dormais la fenêtre ouverte en plein hiver en espérant perdre quelques grammes. Je grelottais tout le temps, mes doigts étaient engourdis par le froid et je passais très clairement des nuits horribles avec de la fièvre et des sueurs froides. Les douches étaient devenues le moment que je redoutais le plus dans ma journée. Parfois, je prenais ma température, elle tournait autour de 34° en me réveillant.

Un jour, je me suis rendu compte que je ne buvais plus d'eau, je n'arrivais pas à en boire, car je sentais mon ventre se gonfler dès que je buvais ne serait-ce qu'un peu. Je buvais un café le matin et un deuxième après le déjeuner. Avant tout cela, j'avais l'habitude de boire après avoir mangé, comme je ne mangeais quasiment plus, je ne buvais plus non plus. Au bout d'un certain moment, je ne ressentaient même plus la sensation de soif et de faim. Je les avais tellement ignorées et mon corps savait que mettre de l'énergie là-dedans était voué à l'échec. Malgré cela, j'attendais avec impatience chaque repas, j'attendais que ce soit l'heure d'ingérer une petite chose. Mes pensées ne tournaient qu'autour de la nourriture, je ne pouvais m'empêcher d'y penser, de regarder des vidéos de recette, des tests de restaurant, des gens manger dans des quantités démesurées (les mukbangs). Parfois je pensais tellement à manger que j'étais totalement improductive dans mes cours.

Chaque matin, je répétais inlassablement le même rituel. Je montais sur la balance et ma journée allait être rythmée par le poids qui s'affichait. Mon objectif était de faire toujours moins le lendemain matin. Si j'avais pris du poids durant la nuit, j'allais me punir toute la journée en marchant beaucoup, en me restreignant encore davantage. Le poids affiché était toujours trop haut, et ce même après avoir perdu énormément de poids. Voir celui-ci diminuer me donnait une sensation de jouissance et de pouvoir absolu sur mon corps. J'avais l'impression d'enfin avoir le contrôle sur quelque chose. Je faisais ce que je voulais de mon poids. Enfin, c'est ce que je croyais, car en réalité, même si je pensais avoir tout le contrôle, j'étais incapable de reprendre du poids alors qu'on me le demandait lorsque mon entourage me faisait remarquer que j'avais perdu beaucoup de poids. Je n'avais en fait pas du tout le contrôle, c'est mon envie continuelle de maigrir qui tirait les ficelles et qui m'emmenait toujours plus bas. Mais plus bas jusqu'où ? Ça, je ne le savais pas.

L'après-fête a été source d'angoisses intenses, de culpabilité et de désespoir pour moi. J'avais décidé de prendre quelques jours de vacances, car je venais de passer mes concours blancs. C'était la seconde fois depuis le début de l'année que je m'arrêtais un peu de travailler. Nous étions en période Covid alors je ne sortais pas, je restais chez moi, ne faisais pas grand-chose de mes journées. Je ressentais un vide si intense que j'aurais voulu m'y terrer. Je me sens à ce moment précis, prisonnière d'une vie que je ne souhaite plus vivre, une vie qui m'a abîmée, fatiguée, brisée. Comme chaque jour, je monte sur la balance le 25 décembre et vois que j'ai pris 600 grammes par rapport à la veille. Il me reste encore deux Noëls à fêter et je m'en sens tout simplement incapable, mais il m'est impossible de dire à mes proches que je ne veux pas fêter, Noël, car j'ai peur de la nourriture. Et puis qui a peur de la nourriture ? C'est une drôle d'idée tout de même. Manger est la première chose qu'on apprend à faire quelques minutes après notre naissance. Petite, j'adorais l'esprit de Noël, les repas de famille, recevoir des cadeaux.

J'étais la première à me servir de la bûche de Noël, maintenant rien que d'y penser, j'en ai des crampes au ventre et une sensation de terreur. Chaque année, nous allions avec mes parents, mon frère et ma sœur chez mon grand-père paternel avec mes tontons pour fêter Noël. L'ambiance était familiale et pleine d'amour. Aujourd'hui, la famille est détruite, aujourd'hui, j'aimerais que cette fête n'existe pas. Elle me rappelle juste que rien ne sera plus jamais comme avant. Au milieu de ma prépa, des confinements et de mon état, j'avais uniquement envie de rester seule dans mon lit à dormir et que plus rien ne m'atteigne. Je me pèse de nouveau après les deux Noëls où j'ai été indirectement contrainte d'y aller. Je vois alors que j'ai pris 1,5 kilo. Le 29 décembre, je décide d'arrêter de manger pendant quelques jours pour reperdre ces kilos qui me hantaient, que je ne pouvais pas envisager. J'avais l'impression d'avoir triplé de volume en seulement quelques jours, que j'étais redevenue la Amélia d'avant, cette perception était invivable pour moi. À cette période-là, ma Maman était partie en Corrèze avec son compagnon et après avoir passé quelques jours chez mon père, je suis rentrée chez ma mère, seule, pour recommencer à travailler pour ma prépa. Je me suis alors privée de toute nourriture, mais également de toute boisson. La dictature s'intensifiait, la maladie hurlait en moi, je n'avais plus aucun contrôle et je le ressentais. Je ne me souviens pratiquement pas des trois jours qui ont précédé le nouvel an. Je me souviens du froid. Un froid si intense que mon cœur était de glace, mes émotions inatteignables. Je me collais au chauffage avec quatre pulls et j'avais toujours aussi froid. Je dormais par terre enveloppant le chauffage pour espérer me réchauffer. Le 31 décembre, après avoir travaillé neuf heures sur mes cours, je me suis levée de ma chaise et je suis tombée par terre. Mon corps ne suivait plus mon cerveau. Mon cerveau voulait en finir, mon corps commençait à céder alors qu'il luttait depuis si longtemps. Je devais sortir ce soir-là pour célébrer l'année 2021. J'en étais incapable. Aller jusqu'à ma salle de bain, attenante à ma chambre, était un périple et m'épuisait. J'avais passé ma journée à pleurer sur mes cours, car j'étais totalement improductive et ralentie. Je ne retenais rien, je relisais les mêmes phrases en boucles, je tremblais de tout mon corps. J'avais parfois l'impression que mon cœur s'emballait, qu'il loupait des battements. Je suis donc restée seule ce soir-là, me persuadant que je n'avais pas le droit d'être heureuse, que le bonheur n'existait que pour autrui. Vers 19 heures, j'ai fait une crise d'angoisse comme je n'en ai jamais fait. Je voyais des ombres tourner autour de moi et j'entendais des chuchotements derrière ma porte. Je me voyais comme dans un film, incapable d'agir, pétrifiée. À ce moment-là, je me suis mise à mon bureau et j'ai écrit mes lettres d'adieux à mes proches. Je ne voulais oublier personne alors j'y ai passé un grand moment. C'était la seule solution que j'envisageais. Je sais que beaucoup trouvent le suicide égoïste, mais sachez que parfois le monde est tellement noir, le désespoir tellement intense voir dépassé, qu'on le voit comme la seule issue, je voulais pour une fois décider par moi-même, décider de ma mort. Je ne voulais pour rien au monde passer à une autre année. Pour moi, ma vie devait se terminer en 2020, à sa dernière seconde. Cette année m'avait détruite et j'avais une peur immense que tout cela perdure dans l'année qui allait débuter. J'ai donc fait le décompte moi aussi, pas le même que tout le monde, mais j'ai fait le décompte avant de prendre une plaquette de paracétamol. Après plus d'une heure à attendre assise sur ma chaise que la mort vienne me chercher, j'ai décidé de me coucher en espérant partir dans mon sommeil. Je me suis réveillée le 1er janvier 2021 et j'ai pleuré de désespoir de ne même pas avoir réussi cela. La première chose que je me suis dite, c'est que j'étais trop grosse pour la quantité de paracétamol que j'avais prise. Ce jour-là, j'ai essayé de me lever et je me suis écroulée. Je ne tenais plus sur mes jambes qui étaient devenues toutes cotonneuses. Je me suis déplacée en rampant jusqu'à la cuisine pour prendre un verre d'eau et une pomme que j'ai mis plusieurs heures à manger tellement j'étais dans un état second. J'étais dissociée de mon corps, j'avais l'impression que mon corps et mon cerveau ne communiquaient plus. Ce jour-là, j'ai repris ma lame et j'ai marqué mes bras de toute la douleur intérieure que je ressentais. Cela faisait quatre ans que je n'y avais pas touché, mais voir mon sang couler m'a permis de faire sortir une partie de la mort que j'avais en moi. De toute manière, nous étions au mois de janvier et personne ne verrait mes bras. Je n'ai ensuite pas parlé de cette tentative de suicide, car j'en avais extrêmement honte. Je ne sais pas trop si j'avais honte d'avoir raté ou si j'avais honte de n'avoir vu que cette solution et de ne pas avoir su demander de l'aide. Quelques jours plus tard, j'ai repris les cours comme si de rien n'était, mais toujours aussi désespérée et triste.

Sauvetage imminent

J'ai grandi sous une bonne étoile.

Gainsbourg

Mon anniversaire tombe le 10 janvier, quelques jours plus tard. J'allais avoir 18 ans. Ce passage m'a énormément terrorisé. J'avais peur que tout change du jour au lendemain, que mes parents m'abandonnent et que je doive faire face au monde adulte de manière encore plus intense. Cela me terrorisait également, car nous avions prévu de le fêter. Une petite fête avec uniquement les personnes les plus chères à mes yeux. Nous étions toujours en période Covid et les déplacements étaient désormais autorisés, mais fortement déconseillés. Toutefois, les personnes que j'aime le plus au monde ont répondu présentes pour être à mes côtés en ce jour spécial. Quelques jours avant, je me suis mise en quête d'une tenue sur Internet et lors d'un essayage, pendant quelques secondes, j'ai vu ma maigreur frappante. Cela m'a tétanisée. J'allais devoir faire face à une tonne de questions concernant ma perte de poids le jour de mon anniversaire. Je n'avais pas vu mes proches depuis peut-être 6 mois. Depuis ce temps-là, j'avais perdu plus d'une dizaine de kilos. J'ai donc sélectionné trois tenues différentes. Pas des tenues qui me plaisaient, mais des tenues qui pouvaient un minimum cacher mon corps pour ne pas recevoir de réflexions de tout le monde. J'ai opté pour une robe noire large avec un pull pour camoufler mes marques du soir du 31. J'ai ensuite dû choisir un gâteau, ce qui n'a pas été une tâche évidente. Je pense sincèrement y avoir consacré quatre heures à passer de boulangerie en boulangerie pour tenter de trouver le gâteau le moins calorique possible. Le 10 janvier, je suis donc allée chez mon grand-père paternel avec ma mère et mes frères et sœurs. Il y avait également ma marraine, mon parrain, et leurs deux enfants. Dès mon arrivée chez mon grand-père, Lise, ma belle grand-mère, m'a fait la remarque comme quoi j'avais perdu beaucoup de poids. Ma mère qui je pense était un peu dans le déni et qui ne m'avait pas vu maigrir lui a répondu que non, j'étais très jolie comme cela et que ça m'allait bien. Au moment de passer à table, j'évitais à tout prix de me retrouver à côté de ma marraine parce que je savais pertinemment qu'elle se douterait de quelque chose. L'heure du gâteau est arrivée, j'ai soufflé ma majorité et j'avais l'impression de souffler mon enfance avec. J'ai feinté pour servir tout le monde et je n'ai au final pas pris de mon propre gâteau. Sur le coup, j'étais fière de moi de ne pas avoir cédé à la tentation, avec le recul, je suis triste de ne même pas avoir touché au gâteau de mes 18 ans. Sur le coup, je n'étais absolument pas avec mes proches, j'étais à des années-lumière d'eux, angoissée par le fait de ne pas être sur mon bureau, à travailler, ce jour-là, un dimanche alors que j'avais un devoir sur table le lendemain à 8 heures. J'écoutais les discussions, mais je n'arrivais pas à capter les sujets dont nous parlions. Je riais en même temps que les autres sans savoir pourquoi je riais, pour ne pas paraître bizarre, décalée. Cela faisait des mois que nous étions privés de nos proches, mais je n'ai pas profité comme il se doit de leur présence à mes côtés en ce jour de mes 18 ans. À ce jour, je regrette mon état, car j'aurai tant voulu profiter de ma famille et passer un bon moment à leurs côtés sans être sans arrêt angoissée. En partant de chez mon grand-père, ma marraine, qui venait de déménager, m'a proposé de venir passer le week-end suivant chez eux. Au départ, lorsque j'ai accepté sa proposition, je comptais annuler la semaine suivante, car je ne m'imaginais pas un seul instant prendre un week-end de pause. J'adorais plus que tout passer mes week-ends avec eux, je me sentais bien en leur présence, nous faisions plein de choses. C'était comme des petites vacances à chaque fois que je passais le seuil de leur porte. Je recevais l'amour dont j'avais besoin et je savais que je pouvais être moi-même et tout leur dire. Après avoir énormément hésité, j'ai décidé de ne pas passer à côté d'un bon moment à leurs côtés et j'ai décidé de ne pas annuler ce week-end.

Une semaine après mon anniversaire, ma marraine est donc venue me chercher après un devoir sur table de mathématiques le samedi 16 janvier. J'étais totalement paniquée d'aller passer le week-end chez eux d'une part pour les cours, mais aussi, car je n'allais pas pouvoir échapper aux repas. J'avais calculé, j'avais 3 repas à faire avec eux. J'avais déjà anticipé que je me restreindrais toute la semaine suivante pour reperdre le poids potentiellement pris. En rentrant chez eux, nous sommes passées manger une poutine. C'est un plat québécois avec des frites, du fromage et de la sauce. J'aime énormément ce plat, que je mange souvent avec ma marraine qui est québécoise, mais là, j'étais totalement terrorisée. J'ai fait un rapide calcul des calories présentes dans une poutine, c'était quasiment les apports que je mange en trois jours. Je n'en ai mangé que la moitié, j'étais rongée par la culpabilité.

Le soir, en rentrant, je leur ai dit que je n'avais pas trop faim, que j'avais trop mangé ce midi. Ma marraine ne s'est pas laissée avoir dans mon petit jeu et n'a pas hésité à me demander les yeux dans les yeux, pourquoi j'avais perdu autant de poids. C'était la première personne qui a osé me demander les choses sans passer par quatre chemins. J'aime énormément cela chez ma marraine, elle n'hésite pas à mettre les pieds dans le plat et à aborder les sujets quand cela est nécessaire.

Elle m'a proposé ce jour-là de rester chez eux quelque temps. J'aime énormément passer du temps chez eux. Je considère vraiment son mari comme mon parrain et leurs deux enfants comme mes cousins ou mes frères et sœurs de cœur. Ce jour-là, j'ai énormément hésité à rester, car je savais que je serais obligée de faire de vrais repas et que je perdrais du temps dans les transports pour ma prépa. Ma marraine et mon parrain ont un peu insisté ce jour et ont envoyé un message à ma mère pour que je reste. Ce jour-là, ils m'ont littéralement sauvé la vie. Retourner dans mon quotidien m'aurait sans aucun doute tué. J'ai trouvé chez eux l'amour et la stabilité dont j'avais besoin à ce moment-là. Mes parents m'ont donné la vie, mon parrain et ma marraine m'ont donné ma deuxième vie et je ne peux pas poser de mot pour exprimer à quel point je leur en suis reconnaissante à l'heure actuelle.

Là-bas, je me sentais écoutée, conseillée, respectée, coachée. Ils m'ont accueilli comme une de leur enfant, ils m'ont proposé de rester le temps que je voulais pour me redonner un peu de force et pour aller mieux. Je me rends compte à quel point j'ai de la chance de les avoir dans ma vie. Je sais que d'accueillir une jeune adulte malade n'a pas été simple et leur a demandé beaucoup d'énergie, mais ils ont toujours été là pour me soutenir, me pousser hors de ma zone de confort, celle de la maladie, m'écouter, m'aider à prendre des décisions. J'arrivais à prendre du temps pour faire des choses avec eux notamment le week-end et cela me faisait énormément de bien de m'autoriser des petites pauses.

Depuis quelques années, ma marraine est devenue ma meilleure confidente, celle à qui je me confie sans difficulté et avec le plus de facilité. Elle n'a plus de contact avec mes parents ce qui est très bien pour notre relation, car je sais que je peux me confier sans crainte. C'est la personne en qui j'ai le plus confiance et que j'appelle pour avoir un conseil adulte, un regard extérieur, un boost, une remise en question. Je pense que c'est une des seules personnes à savoir désamorcer mon côté un peu tête de mule, je ne me braque pas catégoriquement quand elle me dit quelque chose, car je pense qu'avec l'expérience, je me suis rendu compte qu'elle avait toujours une excellente analyse et qu'elle avait raison la plupart du temps. Depuis que j'ai repris contact avec elle, en 2017, c'est un réel modèle de femme pour moi, elle m'a beaucoup aidé, car la voir s'autoriser d'être heureuse, épanouie et s'autoriser le plaisir, me montrait que j'y avais également le droit. Elle m'a également toujours montré que certes, il y avait des bas, mais il y avait également des hauts et que ceux-ci pouvaient être magnifiques. Mon père s'était à l'époque disputé avec mon parrain et ma marraine et je n'ai donc pas pu les voir pendant environ une dizaine d'années. Toutefois, durant toute mon enfance, j'avais envie de les revoir, car la petite fille que j'étais se souvient des moments que je passais chez eux et de l'amour qu'ils me portaient. Quand, j'ai eu l'âge de ne plus passer par mes parents, je lui ai envoyé un message par Facebook, car elle m'avait manqué durant toutes ces années et je pensais beaucoup à eux. Je pensais ne pas avoir de réponses et je me souviens avoir pleuré de bonheur quand elle m'a proposé un déjeuner le 31 octobre 2017. Depuis ce jour, je vais très souvent chez eux. Je pense que j'ai néanmoins une certaine peur de l'abandon de ma marraine et mon parrain, de les perdre de nouveau, car à l'heure actuelle ils sont comme des figures quasi parentales pour moi. Je sais qu'on ne peut pas vraiment parler d'abandon à propos de ce qu'il s'est passé auparavant, car ils m'ont protégé moi et notre famille en s'éloignant de mon père à l'époque, mais la petite fille de 4 ans que j'étais n'a jamais reçu d'explication sur pourquoi du jour au lendemain je ne passais plus de week-end chez eux, je ne les voyais plus même pour les occasions et que mon père s'énervait quand je demandais où était ma marraine. En arrivant là-bas en janvier 2021, j'ai eu un cadre, chose que j'avais été incapable de me poser seule chez-moi. Je partais tôt le matin en cours, je travaillais dans le train puis j'allais en cours, souvent jusqu'à 19 heures. Ensuite, je rentrais et nous mangions ensemble. Cela me faisait un peu bizarre de dîner tous ensemble, car c'est quelque chose qui arrivait rarement chez nous et encore plus depuis quelques mois, où je ne partageais plus aucun repas avec qui que ce soit. Les repas se passaient sans cris, sans insultes, sans recadrage secs envers les enfants. Cela me faisait du bien de voir que le moment des repas pouvait être des moments d'apaisement et de partage familial. Après le dîner, je travaillais un peu, mais ma marraine me mettait souvent des limites, sinon je pouvais travailler jusqu'au bout de la nuit.

À ce moment-là, ma Maman me demandait souvent quand est ce que je rentrais à la maison. Elle pensait que j'allais rester seulement quelques jours, moi, je n'en savais rien. Ce cadre bienveillant m'apaisait et m'aidait énormément. Ma chute vertigineuse de poids s'était stoppée à cette période-là. J'étais à peu près en stabilisation, je mangeais beaucoup plus que lorsque j'étais toute seule. Je n'avais plus de catégories entières d'aliment totalement exclues. Ma marraine et mon parrain veillaient à ce que je mange de tout. Nous allions parfois même au fast-food, chose que je n'aurai même pas imaginé faire seule. Les quantités étaient certes très réduites, mais je ne jeûnais plus pendant des jours. Je n'avais plus cette sensation de faim qui pouvait aller jusqu'à me faire pleurer. Ma Marraine m'a fait réintégrer un petit-déjeuner. Je n'avais jamais eu l'habitude d'en prendre, mais elle m'a vraiment encouragé à manger une petite chose le matin et à l'heure d'aujourd'hui, je n'imagine pas une seule seconde ne rien manger en me réveillant. Je partais souvent avec du jus et des pancakes que je mangeais dans le train avant d'aller en cours. J'étais toujours très angoissée par la nourriture, mais je me laissais à peu près guider et servir mes assiettes. Je dis à peu près, car je lançais souvent des yeux noirs lorsque je trouvais que mon assiette était un peu trop pleine au goût de la petite voix. Cette période a dû être très dure à vivre pour eux, car j'étais très angoissée de remanger et donc je pleurais souvent et j'avais toujours besoin qu'on m'encourage et qu'on me rassure. Ils me soutenaient beaucoup et surtout m'aidaient énormément, car ils n'avaient pas de soucis avec l'alimentation et ne diabolisaient aucun aliment. Lorsque je voyais ma marraine, qui est pour moi mon idéal morphologique, manger comme elle le voulait, se resservir, écouter ses envies, je me disais que moi aussi, je pouvais être aussi belle en mangeant normalement.

Un soir, nous avons eu une discussion avec ma marraine. Elle me disait que je ne pouvais plus me laisser mourir comme cela. Je ne me souviens pas très bien de la discussion à vrai dire, mais je me rappelle qu'elle m'a un moment dit que mon corps n'était pas attirant. Cela m'a fait un petit déclic, car à l'époque, je pensais que la maigreur faisait envie, était attirante aux yeux des autres. À ce moment-là, je me suis dit que j'étais peut-être allée un peu trop loin dans ma quête de minceur. À vouloir ressembler à des mannequins de magazines ou aux filles qu'on voit sur les réseaux, j'étais devenue malade et plus maigre qu'elles. Elle m'a dit une phrase qui m'a énormément touchée, « si j'avais une baguette de fée, je l'agiterais sur toi ». Je n'ai pas réussi à lui dire ce soir-là, mais cette baguette elle l'avait déjà agité sur moi. Mon parrain a pris contact avec un psychiatre qu'il connaissait spécialisé dans les troubles alimentaires. Jusque-là, je n'avais jamais réussi à poser le terme anorexie sur ce qu'il m'arrivait. Je me disais que cette maladie n'arrivait qu'aux autres, que j'aimais trop manger et croquer la vie à pleines dents pour me retrouver à ne pas réussir à manger un fruit et à faire des efforts surhumains pour ne pas perdre encore du poids. Je n'aurais jamais pu me douter qu'on m'obligerait à manger, que j'aurai du mal à manger ce que j'aimais vraiment, que me faire manger allait parfois se transformer en bataille. Je pense que si on m'avait dit ça il y a quelques années ça m'aurait paru aberrant, irréaliste. J'avais déjà entendu parler de l'anorexie, mais sans réellement m'y intéresser, car « cela n'arrivait qu'aux autres ». Mais cela est absolument faux, chaque personne d'où qu'il vient peut un jour tomber dans cette spirale sans fond, et cela n'arrive pas que dans les films.

12 février 2021

« Ma marraine chérie, tu ne vas probablement jamais lire cette lettre, mais ce soir, j'ai le cœur gros. J'aimerais juste te demander pardon. Ce soir, j'ai juste été faible et égoïste. Qui pleure devant une assiette de pâtes ? Je m'en veux énormément de vous imposer cela. Je m'en veux tellement de te fusiller du regard quand tu mets dans mon assiette des cuillères de vie. Mes yeux qui t'envoient des éclairs alors qu'ils voudraient te crier merci et je t'aime. Merci de me supporter au quotidien, d'être ma plus fidèle confidente, ma deuxième Maman. Merci de parfois plus me battre que moi-même, de croire en moi alors que même moi, je n'y crois parfois plus. Merci de m'accueillir comme votre propre fille et de me montrer à quel point la vie peut être belle et douce. Je pense souvent que ma Maman m'a donné ma première vie, m'a mise au monde et que toi et mon Parrain vous m'avez redonné la vie ou du moins une opportunité qu'elle existe alors que ma seule envie, c'était de tout arrêter. Il y a quelque temps, tu m'as dit que tu aimerais avoir une baguette de fée, mais j'aimerais que tu saches que tu, vous m'avez juste sauvé la vie et que si je suis là, c'est grâce à ta baguette de marraine-fée. Si je ne veux aujourd'hui pas aller bien pour moi, je le ferai pour vous et pour vous montrer à quel point votre soutien a été immense. Alors Amélia, je t'en supplie, mets autant d'énergie pour voir leurs sourires sur leurs visages en mettant du Nutella sur ta gaufre que pour te détruire. Parce que si je ne mérite pas de guérir, eux méritent que leurs efforts soient récompensés et qu'ils voient qu'ils ne m'ont pas accueillie pour rien. Je ne vois pas comment j'arrive à être aussi égoïste. Non, ils ne méritent pas de me voir baisser les bras et que je laisse cette putain de voix me reprendre, non, cela n'est pas normal que depuis 6 mois, chaque repas soit un poids pour eux alors qu'ils devraient dîner tranquillement avec mes deux cousins, en famille. Alors Amélia, si tu ne mérites pas ta propre victoire, eux la méritent parce qu'eux se battent à mes côtés. Rends-les fiers de toi, car eux, ne veulent que ton bonheur. Arrête de les fusiller du regard, mais souris-leur quand ils te font te rapprocher de tes objectifs. Et même si tu n'as parfois plus faim de vivre, je t'en supplie, accroche-toi simplement à leurs voix, mille fois plus douces et bienveillantes que la grosse voix de la maladie. Alors, pardon, pardon, que vous soyez obligés de me rappeler sans cesse de prendre un dessert, que ce n'est pas assez. Pardon de vous avoir mis à cette place, pardon de ne pas vous remercier tous les jours, toutes les secondes, pardon de vous prendre de l'énergie au quotidien, pardon de parfois pleurer devant mon assiette et pardon de parfois avoir envie de retourner me réfugier dans les bras de la maladie plutôt que dans les vôtres. Merci infiniment, plus que les mots ne puissent le transcrire, vous êtes mes bonnes étoiles. »

Faire la guerre

Le plus dur combat qu'on peut livrer est le combat avec soi-même. C'est pourquoi la plupart des gens préfèrent passer leur vie à culpabiliser les autres plutôt que d'affronter leurs propres démons.

Rava Bakou

J'avais rendez-vous un mercredi à 15 heures avec le psychiatre spécialisé dans les troubles des conduites alimentaires. C'était la première fois que j'allais voir un thérapeute et cela me stressait énormément. Moi qui suis d'habitude si discrète, réservée, j'allais devoir me confier à un parfait inconnu. Son cabinet était froid, tout gris, il y avait quelques magazines d'art sur une petite table basse dans la salle d'attente. Ça change des magazines de mode qu'on retrouve souvent chez les médecins ou de ces couvertures qui prônent les régimes en tous genres !

Je suis comme à mon habitude arrivée avec 15 minutes d'avance et le patient d'avant moi n'était toujours pas entré. Je n'attendais pas grand-chose de ce rendez-vous à part peut-être de rassurer mes proches. Je ne savais pas ce que je pouvais en attendre de toute manière puisque je n'étais jamais allée consulter quiconque avant.

Je ne me souviens à vrai dire pas très bien de ce rendez-vous. Je me souviens seulement que le Docteur m'a demandé d'enlever mon masque et n'arrêtait pas de se rapprocher de moi tellement je parlais bas. C'était très étrange pour moi de faire confiance à un inconnu et de lui raconter ma vie. Je me souviens qu'à la fin, il a prononcé les mots « dépression » et « anorexie mentale restrictive pure ». Je n'ai pas réagi. J'étais comme figée, sans émotion. Je ne voulais rien laisser transparaître devant lui, me montrer faible devant un inconnu. Il m'a dès le premier rendez-vous demandé mon poids, ma taille, mes habitudes alimentaires. Il m'a dit tout de suite qu'il fallait attaquer la maladie, être dictatrice plus qu'elle ne l'était elle-même avec moi et il m'a aussi annoncé que j'allais devoir reprendre du poids. Ce dernier point m'effrayait plus que tout. Je n'avais pas du tout envie de grossir et de redevenir la personne que j'étais avant cette perte de poids. Selon lui, on ne peut pas guérir de l'anorexie mentale en étant en état de dénutrition et bien que cela ait été difficile à l'époque, je suis aujourd'hui tout à fait d'accord avec lui. À l'époque, j'avais un IMC équivalent à une dénutrition de stade 3. J'en avais conscience, mais je ne prenais à cette époque absolument pas conscience du danger que cela engendrait. Il m'a un peu expliqué tout ce que la dénutrition faisait subir à mon corps. Mon corps était en mode survie et tentait de privilégier les fonctions absolument vitales de mon organisme. Il utilisait à bon escient le peu d'énergie que je voulais bien lui donner. Je n'avais plus mes règles depuis 9 mois, j'avais constamment froid, car je n'avais plus beaucoup de graisse pour réguler la température de mon corps, j'avais des chutes de tension, de grandes chances d'être en ostéoporose ce qui signifie que j'avais les os d'une personne de je ne sais pas quel âge qui pouvaient se fracturer à tout moment, mon système digestif était impacté et tournait au ralenti, je n'avais plus de mémoire, je perdais mes cheveux, mes ongles, j'avais plein de carences, et j'en passe. Lors de ce premier rendez-vous, il me dit une phrase très précieuse dont je me souviens encore aujourd'hui « l'anorexie mentale est la maladie psychiatrique causant le plus de décès, mais c'est une maladie mentale dont on peut guérir et qui se soigne ». Cette phrase m'a à la fois terrorisée et rassurée, car je savais qu'elle pouvait se guérir.

À la fin de notre premier rendez-vous, il m'a prescrit une prise de sang à faire ainsi qu'une ostéodensitométrie. Il m'a également prescrit une tonne de complémentations pour mes carences, des compléments nutritionnels oraux (les CNO) et un traitement médicamenteux : des antidépresseurs et des anxiolytiques. Je n'ai pas eu trop le temps au premier rendez-vous de discuter avec lui de ces médicaments et cela me paniquait de passer de rien à une dizaine de médicaments par jour sachant que je n'en avais jamais pris auparavant. Je n'ai pas commencé le traitement médicamenteux tout de suite, car je voulais avoir l'avis de mon entourage avant de commencer. Je suis sortie de son cabinet et j'ai pleuré toutes les larmes de mon corps. Je me sentais terriblement seule et incomprise. Non, pour moi, je ne pouvais pas être anorexique. Ça ne pouvait pas m'arriver à moi, j'adorais manger et j'étais tellement gourmande. Pour moi, cette maladie n'existait que dans les films, je n'y connaissais rien et je me sentais complètement folle. Et puis comment on annonce ça à ses proches ? On les appelle et on leur dit « coucou, d'ailleurs, je suis anorexique et en dépression. » Et puis est-ce que je suis anorexique ? Est-ce que c'est une étiquette qu'on vient de me coller sur le front ? Je n'imaginais pas que mes proches aient pu penser à ce diagnostic avant. À ce moment-là, errant toute seule dans la rue, j'ai pris la décision de prendre un goûter, quelque chose que j'aimais vraiment manger avant et que je m'interdisais depuis plusieurs mois. J'ai pris une gaufre à la chantilly. C'était comme si à ce moment-là, cette gaufre pouvait annuler tout ce qui venait d'être dit par le Dr M, comme si je reprenais possession de ma tête et que je disais au diable de l'anorexie « tu vois, je suis plus forte que toi, je ne suis pas anorexique moi ». Bien sûr, ce goûter n'a pas réussi à me faire guérir et je m'engageais alors dans une longue lutte contre cette terrible maladie qu'est l'anorexie mentale. J'étais un minimum lucide sur la situation, je savais que ça n'était pas normal de se peser plusieurs fois par jour, mais je ne voulais pas admettre que j'étais malade, je voulais pas l'accepter, je ne pouvais pas prononcer le terme anorexie.

Le troisième confinement a été annoncé le 3 avril. Les lycées fermaient de nouveau et nous avons dû commencer les cours en visio. J'étais encore chez ma marraine et mon parrain à ce moment-là. J'avais énormément de mal à me concentrer en cours et je passais mon temps à me distraire, à aller sur mon téléphone, à faire des coloriages.

Je ne suivais plus grand-chose, notamment en mathématiques où je prenais jour après jour un retard immense. Nous avons continué les khôlles en visio ce qui n'allégeait pas nos journées. Au départ, je me suis dit que j'allais gagner des heures de révision puisque je n'avais plus les transports à prendre, mais ma marraine à veillé à ce que je ne surinvestisse pas ce temps supplémentaire. Je commençais à de plus en plus pleurer à cause des cours, j'étais épuisée, démotivée. Pourtant, depuis quelque temps, je travaillais un peu moins et j'avais de bien meilleures notes notamment en khôlles où j'avais une super moyenne en géopolitique.

À cette époque, j'ai commencé un suivi avec mon diététicien, Monsieur S. J'ai directement su à qui j'avais à faire, car lors de notre premier rendez-vous, il a eu une heure de retard. Il s'était trompé de contact et avait appelé une autre patiente qui était en train de faire une crise alimentaire et a passé du temps au téléphone avec elle pour qu'elle s'apaise. Je me suis directement dit qu'il était très investi dans son métier, et dans son suivi individuel. Il m'a parlé de réintégrer des aliments, jusqu'à obtenir une alimentation qui me ferait prendre 100 grammes par jour. J'aimais beaucoup son approche, à la fois très axée sur la diététique, mais au-delà de cela, il utilisait beaucoup la philosophie et la psychologie pour que l'on remette en question nos fausses croyances. Lors de ce premier entretien, il a fait une métaphore (et pour les habitués, vous savez que les métaphores de Monsieur S sont multiples et incroyablement parlantes.). Il a pris l'exemple d'une plante. Si la plante est déshydratée et pleine de pucerons, on peut lui redonner de l'eau et faire en sorte qu'elle ne soit plus en manque d'eau, mais ce n'est pas pour autant qu'on aura éradiqué tous les pucerons et il faudra continuer de soigner cette plante. Pour ceux qui ne voient pas où cette métaphore veut en venir, ça n'est pas parce qu'on traite l'alimentation et la renutrition que tous nos problèmes disparaîtront miraculeusement. L'alimentation est la partie émergée de l'iceberg et il faudra aller en profondeur pour que nos maux soient résolus. Le lendemain de mon rendez-vous, j'ai reçu un message de mon diététicien « Go Amélia, ne lâche rien ». C'est peut-être petit, mais ce message m'a donné énormément de force, j'avais l'impression d'être extrêmement bien entourée par mon équipe soignante.

Je devais maintenant appliquer tous leurs conseils pour avancer et reprendre du poids. Le problème était qu'à ce moment-là, j'étais dans un certain déni. Pour moi, peut-être que les autres pensaient que j'étais anorexique, mais je ne l'étais pas, j'étais certaine de pouvoir tout arrêter et faire ce que je voulais. La réalité était tout autre et je l'ai rapidement compris. Ma marraine et mon parrain m'ont proposé, pour m'aider de me créer un compte Instagram avec seulement eux qui seraient abonnés, pour que je poste chaque jour mes repas, et leur montrer ce que je mange. J'en étais incapable, j'étais incapable de manger ce que je prenais en photo. J'ai alors commencé à leur mentir. Je récupérais d'anciennes photos de ce que j'avais pu manger en 2017 pour les publier, j'achetais des choses que je prenais en photo pour ensuite les donner à des sans-abris ou les jeter, j'ai même parfois donné mes tartines du petit-déjeuner à leurs chiens. Je n'étais plus capable de décider de manger et la maladie continuait à trouver mille et un moyens de contourner le système pour encore perdre du poids. Je ne prenais pas un gramme malgré le fait que j'étais censé prendre sept cents grammes par semaine. Si je n'étais pas au poids convenu le matin, j'étais censé prendre un CNO (complément nutritionnel oral). Je ne le faisais jamais, si j'avais perdu du poids, j'étais heureuse et je ne faisais rien pour remédier à cela. J'ai commencé à mentir à mon médecin en lui disant que je prenais un peu de poids, pas autant que prévu, mais que j'étais sur la bonne voie. J'étais emprise dans une spirale sans fond de mensonges et je commençais moi-même à m'embrouiller dans ce que je disais. J'avais une insatisfaction permanente de mon corps et de mon être tout entier finalement. Je pensais qu'en perdant quelques kilos, un peu de moi, je serais mieux, j'aurai plus confiance en moi. Mais malheureusement, ce jour-là n'est jamais arrivé. Je me fixais des limites toujours plus basses, je me voyais en surpoids alors que j'étais dans un stade avancé de dénutrition. J'étais incapable de reprendre ne serait-ce que quelques grammes, la maladie me contrôlait bien plus que je ne contrôlais la maladie. Je sais que cela peut paraître irréel, mais je n'accentue aucunement mon ressenti en disant que je me sentais très ronde. Lorsque je m'achetais des vêtements, je les prenais en taille quarante alors que je faisais du trente-quatre, voire du trente-deux. Lorsque je me rendais compte que mes jeans étaient trop grands, que je flottais complètement dedans, je me disais qu'il était mal coupé. Lorsque je rentrais dans du trente-quatre, je me disais que cela taillait super grand, que c'était la marque qui était comme cela. Mes amies ne comprenaient pas que je n'arrive pas à estimer ma taille. Je n'avais plus aucune idée de ce à quoi je ressemblais. Je me voyais obèse, les chiffres, eux, disaient que j'étais maigre. C'est dur de se persuader que nos propres yeux nous mentent et que nous ne sommes pas comme on le voit dans le miroir. C'est pour cela qu'à chaque fois que j'arrivais à un objectif, je le redescendais pour espérer enfin arriver à une image qui représente toute la souffrance que je n'arrivais pas à exprimer par des mots. Un corps détruit par cette vie et à l'image de mon mal-être interne. Ce jour n'est jamais arrivé, et ce même après avoir perdu plus de vingt kilos. Je pensais qu'en perdant ce poids, en ayant un corps idéal et parfait, tout irait mieux, que je pourrai remanger normalement et que mes problèmes n'existeraient plus. Le problème, c'est que la perte de poids est une véritable drogue et que j'en étais profondément dépendante. Voir le chiffre baisser de jour en jour était à ce moment-là mon seul bonheur et ce que je considérais comme ma seule réussite. La balance était ma meilleure amie. Je montais dessus avant manger, après manger, quand j'y pensais, parfois même en mangeant. Pour la première fois, depuis longtemps, je me sentais fière d'accomplir quelque chose et de réussir ce qui me paraissait insurmontable, à savoir perdre du poids. Je passais des heures à me regarder dans le miroir, à chercher la moindre trace de gras, le moindre bourrelet, le moindre reflet de cellulite. Je me prenais en photo sous tous les angles pour me comparer de jour en jour. L'image que je voyais dans le miroir me dégoûtait, me faisait pleurer des heures entières. J'avais l'impression d'être un tas, un amas de graisse. Je n'étais jamais assez, ou peut-être étais je toujours trop, je ne sais pas. Mon corps était ma pire phobie, mon pire ennemi, mais j'étais obligée de sans cesse cohabiter avec celui-ci et d'être définie par cette silhouette que je trouvais mal formée. Je me souviens que j'étais désespérée de me dire que je ne pourrais jamais faire 0 kilo, car mes organes et mes os pesaient forcément un poids. J'en étais même arrivée à avoir honte du poids que je faisais à ma naissance « un beau bébé ». Je me rendais compte que je n'avais plus du tout le contrôle lorsque je me retrouvais à jeter tout ce que j'achetais avant de le manger, que je cachais la nourriture et que je retouchais mes photos de nourriture pour faire croire que j'avais mangé. Je me rendais compte que la maladie prenait du terrain quant à ce moment-là, on m'a demandé de reprendre du poids, mais que je ne faisais qu'en perdre.

J'en arrivais même à me dire que c'était une entourloupe, que la balance était trafiquée pour indiquer un poids plus bas et qu'en réalité je pesais beaucoup plus lourd. Lorsque je vivais chez ma marraine et mon parrain, je prenais toujours le train dans une gare. J'y achetais toujours un goûter croyant que j'allais être capable de le manger. C'était très souvent des barres de chocolat. Je détestais le chocolat avant la maladie, mais j'en étais devenue totalement dépendante. Je passais ensuite devant une sans-abri, toujours la même et je lui donnais ma barre de chocolat pour ne pas la jeter à la poubelle. Je n'y arrivais pas et je considérais qu'elle en avait plus besoin que moi. Pendant la maladie, j'ai également jeté énormément de nourriture et j'ai vraiment extrêmement honte de moi pour cela. Je jetais les choses pour ne pas avoir à les manger ou pour ne pas être tentée. Parfois, j'achetais un paquet de gâteau pour en manger seulement la moitié d'un puis je jetais le paquet plein pour surtout ne pas en manger un deuxième. Cela allait totalement contre mes valeurs, car j'ai toujours été élevée à faire attention au gaspillage alimentaire, mais la maladie était malheureusement bien plus forte que mes valeurs.

Le 4 mai, le confinement venait d'être levé. Je me suis rendu à la clinique du château à Garches pour assister à mon premier groupe de parole organisé par le Docteur M. Ma meilleure amie, Oriane m'avait accompagnée jusqu'à la clinique. J'avais tellement peur d'aller à ce groupe, de rencontrer des personnes qui avaient la même maladie que moi. Je suis arrivée dans un immense parc avec plusieurs bâtiments. Je m'étais imaginée un hôpital, mais ce cadre verdoyant n'était pas du tout la représentation que je m'en faisais. Une famille de canards se promenait dans le parc à la file indienne. Cette clinique me semblait immense et cela m'effrayait un peu. Au groupe, nous étions une dizaine de patientes, toutes des filles. La première chose qui m'a marquée, c'était la maigreur de certaines filles. La plupart étaient hospitalisées à la clinique et quelques-unes venaient comme moi seulement pour assister au groupe. J'ai dû me présenter aux autres patientes, c'était assez éprouvant pour moi de devoir parler devant autant de gens. Le Docteur M m'a dit que je n'étais pas obligée de parler pour cette première. Pendant ce groupe, les filles hospitalisées ont fait le « procès » d'une autre patiente. Celle-ci était extrêmement maigre et elle avait une sonde naso-gastrique. Elle m'a expliqué plus tard qu'elle avait la quarantaine et qu'elle était Maman de 3 enfants. Ça me rendait tellement triste pour elle qu'elle soit malade à ce point en sachant qu'elle avait une famille qui l'attendait chez elle. Les autres patientes lui reprochaient de toujours enfreindre le cadre, de voler de la nourriture et de perturber les repas. La mère de famille était en larmes. Ce groupe ne m'a pas trop rassurée sur l'hospitalisation que le Docteur M m'avait proposée, car j'avais l'impression que les patientes se crachaient dessus et ne se soutenaient pas. De plus, je ne me sentais pas vraiment légitime d'être à ce groupe, car je me trouvais trop grosse par rapport aux autres pour être malade. Les autres, c'était plus grave, j'avais sûrement moins besoin de reprendre du poids qu'elles. Toutefois, rencontrer ces filles m'a énormément rassurée, car c'était la première fois depuis que j'étais malade que j'ai rencontré des gens qui souffraient des mêmes symptômes que moi. Lorsque les échanges ont commencé, je me suis rendu compte à quel point mes sentiments étaient pareils que d'autres. Nos histoires se ressemblaient ainsi que nos caractéristiques et nos symptômes. Je me sentais beaucoup moins seule et je n'avais pas l'impression d'être folle en expliquant mes pensées et mes symptômes. Je trouvais, ça dingue qu'on soit plusieurs à avoir les mêmes stratégies pour perdre du poids, les mêmes angoisses et les mêmes préoccupations. Je n'étais à partir de ce jour plus seule dans mon combat et j'ai compris qu'à plusieurs, le combat serait moins dur. Une d'entre elles, Bérénice est venue me parler à la fin du groupe. C'est la première personne que j'ai rencontrée à la clinique. Elle m'a directement mise en confiance et confié que mon médecin était sans doute le plus adapté à ma prise en charge. Elle m'a dit que c'était dur, qu'on allait attaquer mes symptômes, mais que je faisais le bon choix en suivant les soins et en venant au groupe de parole. J'ai ensuite continué les groupes une fois par semaine. Ce temps d'échange me redonnait à chaque fois un peu de carburant pour la semaine. On suivait toutes nos évolutions et nous nous reboostions quand il y en avait besoin. Ces groupes étaient extrêmement bienveillants. Chacune, nous nous tirions vers le haut pour avancer dans la guérison. Nous avions chaque semaine un thème que nous définissions et nous échangions toutes dessus en donnant nos ressentis et en l'illustrant avec notre vécu.

La maladie était devenue ma vie, la raison pour laquelle je me levais le matin, la seule chose dans ma vie qui me motivait était de perdre du poids, de toucher toujours plus le fond. Je passais mon temps à regarder des vidéos de nourriture ou de gens qui mangent afin de me nourrir virtuellement, je visitais les supermarchés au lieu de voir mes copines, je cherchais toujours à marcher plus, dépenser plus, je calculais mes calories, anticipais, refusais tout plaisir quel qu'il soit, refusais de partager quoi que ce soit autour de la nourriture, je faisais mes paniers rêvés sur des applications de commandes alimentaires, je cherchais des adresses de resto que je rêverai de pouvoir tester. Bref, elle occupait chaque seconde de ma journée, du lever au coucher, et même dans mes rêves. C'est aussi pour cela que guérir me fait peur. Guérir signifie aussi de se recréer une vie qui ne soit pas basée uniquement sur la nourriture et la maladie. Il faut se retrouver des activités, des passions, des rêves, des objectifs. J'avais super peur de quitter la maladie parce que je craignais terriblement ce vide qu'elle laisserait. Je savais qu'en me lançant dans ce parcours TCA, d'avoir des rendez-vous avec le Docteur M et Monsieur S, d'aller aux groupes de paroles, il me fallait désormais remonter la pente, il me fallait reprendre du poids et sortir de tous ces rouages vicieux.

Mon objectif premier n'a jamais été d'être maigre à tout prix. Toutefois, cette maigreur me permettait de m'exprimer indirectement et de hurler avec mon corps que ça n'allait pas, qu'il y avait un vrai problème. C'était pour moi la manière la plus concrète, mais aussi la plus simple pour dire ouvertement « ça ne va pas bien, aidez-moi ». Cela me permettait aussi de m'effacer, de prendre moins de place et peut être aussi de montrer que j'étais fragile et qu'il fallait me protéger. J'ai toujours eu beaucoup de mal à exprimer ce que je ressentais, toutes mes émotions se bloquaient et je terminais à chaque fois en pleurs, car je ne savais m'exprimer que comme cela. Le problème est que je pointais du doigt le problème et que mon entourage regardait le doigt, ils regardaient mon corps dénutri, sans vie.

17 mai 2021

« En me renseignant un peu, j'ai beaucoup entendu parler de cette petite voix de l'anorexie. Je comprenais totalement ce que c'était. Cette voix, c'est une terrible dictatrice qui nous répète sans cesse que c'est trop, qu'on vit trop. C'était comme s'il y avait deux voix, une qui me chuchotait de guérir, qui voulait que je vive, l'autre qui hurlait que je voulais rester malade et maigrir encore. Ces deux voix étaient tout le temps en confrontation, mais la voix de l'anorexie gagnait pratiquement tout le temps, je n'arrivais pas à lui résister et ce combat, de ne pas l'écouter, est toujours aussi difficile aujourd'hui. Pour vous donner un exemple, en ce moment, elle me répète toute la journée "tu ne vaux rien", "tu prends trop de place sur cette terre", "tu es moche et grosse"… Cela peut paraître aberrant, mais cette voix, je la considérais comme ma meilleure amie, celle qui me voulait du bien et me faire devenir acceptable pour la société. Quand je tenais à peine debout, que je m'évanouissais, que ma tête tournait quand j'étais assise, que mes constantes étaient catastrophiques, la voix de l'anorexie me disait, "c'est bien, tu mets à rude épreuve ton corps" et que de toute manière, si je tiens encore sur mes deux jambes, je pouvais continuer de perdre du poids. À cette période de restriction intense, j'étais totalement coupée de mon corps. C'était un peu comme si j'avais réussi à anesthésier ma vie. Cela peut paraître totalement aberrant, mais j'étais accroc à la sensation de faim, je sentais que je repoussais chaque fois un peu plus mes limites. Pour combler cette faim qui tantôt disparaissait, tantôt était immense, je regardais des vidéos de gens en train de se nourrir pour moi. »

Forces en déclin

La fatigue est l'ombre de la force.

Philippe Latger

J'avais de plus en plus de mal à aller en cours, de suivre les interminables heures dans ma classe préparatoire. J'y allais la boule au ventre, je pleurais dans le train pour venir, rien que de penser à la prépa me donnait la nausée. J'étais épuisée par les horaires imposés et par la montagne de savoirs à ingurgiter. Je n'en pouvais plus de devoir rester assise sur une chaise et de ne rien retenir tant, je ne pensais qu'à la nourriture. J'avais totalement arrêté de travailler certaines matières, dont les mathématiques qui sont cruciales en prépa ECS. Je ne travaillais plus que les matières qui me plaisaient et où je voyais que j'avais des résultats à mes efforts. J'angoissais donc des notes qui allaient s'en suivre. Le samedi 12 mai, je me suis rendu comme chaque semaine à mon DST. Cette semaine-là, c'était les mathématiques. Les jours qui ont précédé ce devoir, j'avais essayé comme je pouvais de sauver les meubles, de tenter vainement d'ingurgiter mes théorèmes et mes démonstrations. Le problème était que j'étais incapable d'utiliser quoi que ce soit pour répondre aux exercices. Je me suis donc retrouvée devant ma copie, à regarder toutes les questions, à gribouiller des chiffres qui n'avaient rien à voir sur mon brouillon, seulement pour donner l'impression que je savais répondre à certaines questions. Au bout d'une grosse heure à retourner ma copie dans tous les sens pour essayer de trouver la moindre phrase que j'aurai pu comprendre, je me suis écroulée. Je suis sortie de la salle pour me rafraîchir, mais en revenant, cela n'allait toujours pas. J'avais du mal à respirer, les larmes inondaient mes copies, l'encre de mon stylo à plume bavait et rendait illisible le peu que j'avais écrit. J'essayais de pleurer en silence jusqu'à ce que je n'arrive plus à me contrôler et que le prof de maths me sorte de la salle en me disant que je faisais trop de bruit pour mes camarades en pleine concentration. Je suis allée à l'infirmerie, je ne pouvais plus m'arrêter de pleurer. J'avais l'impression d'être faible d'avoir abandonné en pleine épreuve. L'infirmière qui me suivait régulièrement à Chaptal n'était pas là, il y avait une remplaçante qui m'a tenu des propos profondément choquants. Elle m'a demandé des conseils pour perdre du poids, m'a dit que j'étais au poids parfait. Rappelons ici que j'étais en grave état de dénutrition. J'ai essayé de lui expliquer que je ne lui souhaitais pas de connaître l'enfer de ce que je vivais, que ce même matin, j'avais pleuré devant un abricot, que pour perdre ce poids, je me suis restreinte jusqu'à par moment manger uniquement une ou deux pommes par jour. À tout cela, elle m'a simplement répondu « ah, je vais essayer de manger que des pommes alors ».

J'ai par la suite été dispensée de scolarité par le Docteur M et cela ne m'a pas du tout plu. Nous étions au mois de mai, il me restait seulement quelques semaines avant de terminer l'année. Oui, j'avais craqué, mais il était pour moi inconcevable de m'arrêter là après tant d'efforts. Je voulais mon passage en deuxième année, je voulais passer les concours et intégrer une grande école. J'en étais capable et je n'y renoncerais pas, quitte à mettre ma santé de côté. Mon école était au courant que je ne pouvais plus aller en cours, mais parfois je m'y rendais quand même en prétextant à mon entourage que j'allais voir des amis. Je disais à mes profs qu'exceptionnellement, j'avais le droit de suivre tel ou tel cours.

Je continuais à travailler certaines matières, notamment les cours où nous avions encore des visios. Je passais mes khôlles en distanciel. J'accumulais un lourd retard dans toutes les matières, mais j'ai réussi malgré tout à terminer à peu près le programme, sauf en mathématiques. Je me suis rendu au conseil de classe du second semestre, car j'étais déléguée. Lors de celui-ci, les profs m'ont laissé le choix entre un redoublement de ma première année, ou de choisir de passer en seconde année. En sortant de mon conseil, j'avais pris ma décision, je passerai en deuxième année. Je ne m'étais pas fait autant violence pour tout recommencer à zéro. Pour moi, c'était hors de question de repartir en première année. J'avais peut-être accumulé des lacunes, mais j'avais du temps pendant l'été pour travailler et combler mon retard. En rentrant chez ma marraine, nous avons eu une grosse discussion et elle m'a ouvert les yeux sur le fait que je fonçais dans le mur, que mon état psychologique actuel ne me permettrait pas de tenir une année de plus, avec toute la pression qu'occasionne la classe prépa, notamment en deuxième année avec les concours au bout du tunnel. Cela a été très douloureux, mais je savais au fond qu'elle avait raison. J'étais allée tellement loin que j'étais en train de compromettre mes études, mais je me devais de penser à ma santé et d'arrêter de la laisser de côté. J'ai donc à contrecœur accepté le redoublement en première année à partir du mois de septembre. Ma marraine et mon parrain venaient d'investir dans un bateau, car ils habitent sur une île avec la Seine tout autour. Lorsque j'allais faire des tours de bateau, je me sentais renaître, revivre. Le vent dans mes cheveux, la fraîcheur, le cœur qui se serre avec la vitesse, le clapotis de l'eau, tout cela me ramenait à la vie et à sa réelle beauté.

En parallèle de mon suivi avec le Docteur M, nous faisions des rendez-vous avec mes parents pour me faire avancer. Nous avons commencé par des rendez-vous individuels avec mon père et ma mère. À cette époque-là, les relations avec ma Maman étaient électriques. Elle avait l'impression que je ne la laissais pas avoir son rôle de mère, que je léguais en partie à ma marraine et qu'elle ne pouvait pas m'aider à distance sans me voir quotidiennement. Elle ne comprenait pas que je ne veuille pas rentrer chez elle et que je préfère rester chez mon parrain et ma marraine. Nous avons eu une consultation familiale ensemble le 6 juin 2021. Je lui avais envoyé la lettre qui suit avant notre rendez-vous.

« Maman, je t'écris cette lettre pour poser les mots clairement et que tu puisses y réfléchir avant la séance de mercredi chez le Docteur M.

Je pense qu'aujourd'hui, tu n'assures plus ton rôle de Maman aussi bien avec moi qu'avec Marie et Théo. Je trouve cela assez égoïste de nous imposer ton rythme de vie actuel. J'aimerais que chacun puisse retrouver sa place adéquate et pas que tu continues à laisser ta place de Maman à d'autres. Je ne sais pas vraiment comment structurer cette lettre, mais je vais essayer de parler avec mon cœur. Depuis votre séparation avec Papa, je pense que tu n'arrives plus à imposer de cadre et que tu veux tellement contrebalancer le côté trop cadrant de Papa, que tu ne t'es pas rendu compte que bien posé, ce cadre peut être bienveillant et qu'il est surtout rassurant quand il est stable et clair. Tu sais, le fait de ne jamais nous dire "non", de nous autoriser à sortir quand on le voulait ou de nous laisser manger devant la télé ne fait pas qu'on t'aime davantage. En fait, je pense que cela a même eu comme effet de détruire le lien familial, ou du moins que nous n'en ayons pas reconstruit après votre divorce. Peut-être que c'est justement cette absence de vraies relations qui créent toutes ces tensions à l'heure actuelle. Aujourd'hui, j'ai besoin de t'exprimer ma colère et qu'on ouvre le dialogue pour aller de l'avant. J'ai tout d'abord de la colère, car je pense que papa et toi ne m'avez pas assez protégée et que vous m'avez donné trop de responsabilités depuis que je suis toute petite, peut-être d'ailleurs celle de protéger et de sauver tout le monde. J'ai l'impression que cette année, je n'ai pas la bonne place. Je sais très bien que ces dernières années n'ont pas été simples, je ne remets absolument pas cela en question, je sais que tu as besoin de passer à autre chose, mais dans cette autre chose, il ne faut pas que tu oublies que tu as trois enfants qui ont besoin de leur Maman. J'ai l'impression que depuis ta tentative de suicide de l'année dernière, tu as justement totalement délaissé ton rôle. Tu m'as dit avant de partir "occupe-toi de Marie et Théo et fais en sorte qu'ils ne manquent de rien". En fait, je trouve cela tellement égoïste. Je ne veux pas et ne voulais pas avoir cette place de "Maman" ou de moralisatrice pour Marie et Théo. Je pense que Marie est en train de suivre le même schéma que moi. Même si elle montre qu'elle est très forte, je pense surtout qu'elle est très fragile et qu'elle ne va pas bien. Même si tout le monde la considère comme responsable, elle est encore trop jeune et n'a clairement pas la maturité de vivre seule lorsque tu t'absentes pour partir à la campagne. Alors je sais que depuis que tu as recommencé à travailler, tu pars moins, mais je trouve cela triste que tu partes moins parce que tu travailles plutôt que de rester parce que tes enfants vont mal et ont besoin de leur Maman. Parce que c'est la réalité Maman, et comme on n'a pas réussi à te l'exprimer, je laisse mon corps exprimer nos maux. Aujourd'hui ça me fait terriblement, mal que tu sois au courant des troubles alimentaires de Marie, et ce, depuis l'an passé et ses vomissements, mais que tu n'interviennes pas, même après avoir eu connaissance de ma maladie et des effets sur ma santé et que tu continues à la laisser seule. En fait ça me donne l'impression que tu n'as pas réalisé la gravité de ma maladie, sinon tu protégerais Marie sans attendre qu'elle se retrouve elle aussi en danger vital. Alors bien entendu qu'on te dit que "ça va", que "mais oui on mange", mais je pense que justement ton rôle c'est de voir les choses surtout quand elles sont aussi flagrantes. Je sais que ce n'est pas toi qui as décidé qu'on vienne vivre totalement chez toi et que la condition était que tu n'allais pas toujours être à la maison… Pour ma part en tout cas, c'était mon propre choix, mais je t'en veux de ne pas avoir été là alors que la situation était devenue insupportable pour moi et que je sombrais. En écrivant cela, je ne dis pas que Papa n'a pas sa responsabilité et qu'il ne t'impose pas en partie tout cela, mais en tant que Maman, tu dois mettre ta rancœur envers Papa de côté et nous protéger avant tout. Tu m'as souvent dit que tu avais en ce moment besoin de vivre, de revivre et de faire des choses, mais je ne te reproche pas cela. Je reproche l'état d'instabilité qui te fait peut-être t'épanouir, mais nous fait avoir le mauvais rôle et fait qu'on n'a pas les responsabilités que l'on devrait avoir. Ce n'est pas normal que je sois seule à m'occuper de la maison, même si tu n'allais pas bien et que ça n'était pas ta priorité. J'aurais aimé que tu arrives à mettre un cadre familial et que chacun respecte la maison dans laquelle on vit parce que pour moi, si on se respecte, on fait des petits gestes au quotidien pour vivre ensemble et ne pas laisser l'appartement dans un état lamentable. Au début de l'année, si moi toute seule, je ne le faisais pas, personne ne le faisait et je t'avoue que nettoyer et ranger derrière tout le monde n'étaient ni ma passion, ni ma priorité et que ça me blessait que tu dises à tout le monde que j'étais ta "colloc", ta "room-mate" ou que tu me dises même parfois que j'étais ta mère. En fait, je pense que j'ai eu tendance à idéaliser la relation mère-fille que je voulais que l'on ait en tant que fille unique une semaine sur deux et que j'ai vécu tes départs comme de réels abandons ce qui m'a renfermé sur moi-même et me rendait, en effet, peu ouverte à l'échange. En réalité, tu n'as jamais essayé d'avoir de réelles discussions avec moi, et même si la maladie m'a fait énormément mentir et nier la vérité, j'aurais aimé que tu sois plus entreprenante quitte à rentrer en conflit avec moi ou à ce que je te repousse dans un premier temps. Tu m'as demandé en mars "mais tu t'énervais dès que j'essayais de t'en parler, qu'est-ce que tu voulais que je fasse". Je pense que c'était évident que je n'allais pas être coopérante dès le départ, mais même après avoir perdu 17 kilos, tu ne t'es pas montrée plus "rentre-dedans". Je pense aussi que tu m'as parfois un peu placée en "copine" quand tu me demandais si tu devais choisir Georges ou James. Je t'avais dit que j'avais besoin que les choses soient claires aussi bien pour moi que pour Marie ou Théo. Ça a été très compliqué de revoir quelques fois Georges comme si de rien était après tout ce qu'il s'est passé et l'état désastreux dans lequel tu as pu être, et de te voir en même temps t'allonger sur mon lit pour t'isoler, telle une adolescente, pour appeler James et lui parler. Je sais que tu ne sais pas où tu en es, mais nous, on a besoin que les choses soient à peu près claires.

Alors Maman, peut être que cette lettre est extrêmement dure et que tu as l'impression que je te reproche le monde entier, mais le fait de ne jamais parler et de laisser les choses s'accumuler ne rendent pas les choses plus simples et moins douloureuses. Aujourd'hui, j'aimerais que l'on crée un lien familial, pas une collocation, une famille où on se respecte et où on a notre place. Une famille où tu es notre Maman et où tu nous écoutes et nous conseilles réellement et où tu arrives à prendre de vraies décisions. Une famille où tu es notre Maman qui sache dire non et pas une copine. J'aimerais qu'on puisse faire des sorties tous ensemble sans qu'on passe notre temps à nous disputer. Bref, j'aimerais que nos rôles soient clairs ainsi que nos relations.

Je ne dis pas que ça sera facile et je sais que ça dépend de nous tous, mais il faut que la situation évolue. Aujourd'hui, j'ai du mal à vouloir pour de vrai enclencher le processus de guérison parce que je n'ai pas vraiment l'impression que Papa et toi, vous me donniez votre attention alors que vous étiez les seules personnes que je voulais alerter. Ça me peine de devoir à chaque fois t'appeler, sinon tu ne le fais pas, que tu ne prennes pas plus de nouvelles que cela et que quand j'essaye de t'exprimer maladroitement mon mal-être, tu ne comprennes pas. En fait ça me peine énormément qu'au moment où j'avais le plus besoin de ma Maman, je ne t'y trouve pas et que tu me dises après que tu ne te serais pas sentie capable de m'accompagner dans la guérison. Certes, je ne t'ai pas laissé le choix en partant et en ne vivant plus à la maison en ce moment, mais je t'écris cette lettre pour justement qu'on avance. Je crois pour ma part que les choses peuvent changer et j'en ai d'ailleurs très envie, mais pour cela, j'aimerais que tu me proposes des solutions. J'aimerais qu'au lieu de me demander ce que tu pourrais faire pour m'aider, tu me dises concrètement ce que tu es prête à faire pour m'aider. Prends le temps de réfléchir à tout ça avant mercredi. Maman, j'y crois et je crois encore à notre famille, mais j'ai besoin que toi aussi.

Je t'aime, à mercredi »

Tenter de fuir en vain

Tu ne peux pas voyager sur un chemin sans être toi-même le chemin.

Bouddha

Nous avions organisé un voyage en Corse avec mes deux copines de prépa. Nous partions chez Lena à partir du 8 juillet à la fin des cours. La seule condition pour que je parte était que je sois à un certain poids. Or, il me manquait plus de 3 kilos pour l'atteindre. J'étais terriblement en décalage entre mon tableau de reprise de poids sur la base de 100 grammes par jour et la réalité. Je mentais à tout le monde sur mon réel poids. La veille de mon départ, ma marraine m'a dit qu'elle me réveillerait le lendemain pour me peser et vérifier que j'étais bien au poids convenu. En panique totale, j'ai bu trois litres d'eau dès mon réveil. Trois litres, c'est énorme et surtout dangereux, mais au moins, j'étais à l'objectif pour m'envoler vers la Corse. Ma marraine m'a fait confiance ce jour-là et m'a simplement demandé mon poids sans me peser. Quelques jours avant de partir, elle m'a dit qu'elle ne trouvait pas que ce soit une bonne idée que je parte, que j'allais simplement me mettre en danger et gâcher tous les efforts que j'avais faits pour en arriver jusque-là. J'aurais dû l'écouter, je savais très bien que c'était une mauvaise idée et qu'elle avait raison, mais j'avais une idée assez précise en tête à vrai dire. Je voulais être hospitalisée, je voulais m'en sortir. Néanmoins, sans contrainte médicale stricte, je n'en étais pas capable et je ne voulais surtout pas attribuer le rôle de bourreau à mes proches et notamment ma marraine et mon parrain. Je n'en pouvais plus de leur mentir. Sincèrement, ce sont les personnes pour qui j'ai le plus culpabilisé de mentir. Je me dégoûtais de les mener en bateau alors qu'ils faisaient tout pour que je remonte la pente et qu'ils n'avaient rien demandé à personne. Alors partir en Corse m'a permis de rechuter hors de chez eux. Je demandais l'hospitalisation depuis un lieu neutre, pas un lieu où ils avaient tout fait pour me sauver et me faire progresser. En Corse, j'ai relâché mes efforts, je ne prenais pas de CNO et j'imitais mes amies qui cherchaient à manger plus healthy et à faire un régime d'été alors que je devais pour ma part prendre du poids.

J'ai tout de même passé une très belle semaine, notamment avec mon amie Léna qui m'a énormément encouragée pendant ces quelques jours, et même avant lorsque j'étais encore en cours. Je suis rentrée quelques jours plus tôt que prévu à Paris et j'ai annoncé ma rechute à tout le monde. Quelques jours plus tard, j'acceptais l'hospitalisation que me proposait le Docteur M. J'ai pris conscience que seule, je n'y parviendrai pas et qu'il me fallait un cadre de soins plus poussé et strict. Nous avions alors convenu de la date du 17 août pour mon entrée à la clinique du château de Garches. J'étais très soulagée d'enfin avoir accepté cette aide, mais à la fois terrorisée de me lancer sur la voie de la guérison, que je savais semée d'embûches et de challenges. J'ai appelé mon Papa ce jour-là qui venait d'arriver en vacances en Irlande et sa réaction m'a fait extrêmement mal. Accepter l'hospitalisation a été, je pense, la décision la plus difficile à prendre pour moi à l'heure actuelle. Je renonçais au fait que j'allais m'en sortir seule, je renonçais à ma prépa et en quelque sorte à ma liberté. Mon Papa était assez en colère et m'a dit « je viens de poser un pied sur le sol irlandais, tu me gâches mes vacances ». Je culpabilisais, je faisais tant subir à ma famille, je les décevais de ne pas y arriver seule.

Une petite semaine plus tard, je me suis envolée vers l'Irlande pour rejoindre ma famille. Là-bas, j'avais un certain contrôle alimentaire, plus par ma belle-mère que par mon père au final. Je mangeais peu, mais je mangeais. Nous avions emporté la balance pour que je puisse suivre ma courbe de poids en ayant toujours l'idée qu'il fallait que je reprenne 100 grammes par jour. Nous avons visité plusieurs villes en Irlande : Dublin, Howth, Bunraty, Galway. Nous passions nos journées en excursion, alors nous marchions beaucoup. Parfois, je portais ma petite sœur sur mon dos dans le porte-bébé et je me rendais compte qu'elle faisait à peu près la moitié de mon poids alors que j'avais 14 ans de plus qu'elle. Nous lui avions expliqué ainsi qu'à Théo que j'allais aller dans un endroit pour me guérir. Salomé, ma toute petite sœur, avait trouvé les mots qui collaient parfaitement. Du haut de ses 4 ans, elle arrivait à tout résumer. Comme elle disait, j'avais perdu ma gourmandise. Pas uniquement ma gourmandise alimentaire, mais plus globalement ma gourmandise de vivre. Je m'interdisais formellement tout plaisir, tout ce qui donnait une petite étincelle à ma vie. J'ai toujours trouvé cette formulation très mignonne et d'une justesse incroyable.

Je n'ai pas vraiment profité de ce voyage, j'étais sans arrêt épuisée et angoissée à propos de la nourriture. J'ai quelques souvenirs gravés dans ma mémoire, notamment l'amour que ma petite sœur me donnait… Durant ce séjour, nous avons cherché comment nous allions financer mon hospitalisation très onéreuse. Nous nous sommes renseignés sur les mutuelles qui existaient. Je n'ai pas pris de poids durant ce séjour, j'en ai même un peu perdu, sûrement due à mon alimentation trop réduite par rapport à notre activité physique. Je devais rentrer à Paris avec mon frère quelques jours avant mon père et ma belle-mère. La veille de mon départ, ils m'ont proposé de décaler mes billets d'avion pour que je reste avec eux en Irlande. J'ai refusé, j'avais élaboré un plan pour ressentir que je méritais d'être soignée en hospitalisation.

Je suis donc rentrée et je suis allée vivre dans l'appartement de ma copine Léna prétextant à chacun de mes proches que je passais ma semaine avec un autre.

Durant cette semaine, j'ai restreint encore plus drastiquement mes apports alimentaires et j'ai énormément augmenté mon activité physique. Je ne mangeais rien et je marchais toute la journée. Je voulais rentrer avec le poids le plus bas possible, pensant que c'était cela qui allait me rendre légitime auprès des médecins et des autres malades. J'avais besoin de côtoyer une dernière fois cet extrême, besoin de toucher un tout petit peu plus le fond pour remonter à la surface. J'avais l'impression qu'en effleurant un peu plus encore la mort, je remontrais plus rapidement à la vie. Au final, j'ai perdu 8 kilos en une semaine. J'ai touché le poids le plus bas que je n'avais jamais fait. Même à huit ans, mon poids n'était pas aussi bas. Je n'avais plus d'énergie, mais je m'agitais quand même dans tous les sens. Je ne dormais presque plus tellement, mon ventre me tiraillait. À cette période, j'ai aussi eu une phase de mâcher recracher. Cela s'apparentait un peu à une crise de boulimie dans les quantités, mais je prenais grand soin de ne rien avaler. J'avais l'odeur et le goût des aliments sans les avaler. Je pouvais passer des heures à faire des crises, de mâcher recracher. J'allais acheter tout ce qui me faisait envie dans le magasin, tout ce que je m'interdisais formellement pour faire ces crises. J'avais d'intenses douleurs à la mâchoire et au ventre qui était plein d'air. Je dépensais des sommes astronomiques pour ces crises. En dix jours, j'ai dépensé 200 € pour des aliments que je ne mangeais même pas. Je m'en voulais terriblement de tout ce gâchis, mais je ne pouvais pas m'arrêter, j'étais comme un robot qui ne contrôlait plus rien.

La veille de mon hospitalisation, je suis allée à mon groupe de parole. Nous n'étions que deux : Jeanne et moi. Nous avons discuté de ce que chacune de nous pourrait apporter à l'autre durant l'hospitalisation. À l'époque je n'imaginais pas qu'elle deviendrait par la suite, ma meilleure amie, ma confidente, mon binôme inséparable. Ce jour-là, je suis rentrée de Garches à Paris à pieds, soit 2 h 30 de marche en plein mois d'août du haut de ma quarantaine de kilos. Le soir, en rentrant, j'ai eu de la fièvre, des nausées et ma montre connectée n'arrêtaient pas de sonner pour m'avertir que mon taux d'oxygène sanguin était trop faible. Ce soir-là, je me suis vue partir et j'ai dit à ma Maman chez qui je dormais qu'il fallait que je mange un peu. J'avais peur de mourir dans la nuit, si proche du moment où j'allais recevoir de l'aide. Ma mère nous a préparé des pâtes, m'a servi et s'est absentée une minute. Pendant ce laps de temps, j'ai vidé de moitié mon assiette. L'anorexie ne voulait pas que je vive, elle espérait que je meurs jusqu'au dernier instant.

Bulle de protection

Nous venons de différents endroits et nous avons des histoires différentes, mais nous partageons des espoirs communs.

Barack Obama

J'étais comme une addicte, addicte à m'autotuer. Jusqu'à ce mardi 17 août, jour de mon hospitalisation. Je savais bien que mon pronostic vital était engagé lorsque les médecins me le répétaient, mais je n'en avais sincèrement pas grand-chose à faire. J'avais la sensation de pouvoir aller encore un plus bas. J'avais donc rendez-vous le mardi 17 août à 10 heures pour mon admission. Je m'y suis rendu en voiture avec mon père et ma mère. Dans la voiture, le silence était glacial, personne ne parlait. Nous sommes arrivés à Garches pour faire les papiers administratifs et on m'a alors demandé de choisir une personne de confiance habilitée à prendre des décisions dans le cas où je n'en serais plus en capacité. Papa à ma gauche, Maman à ma droite, on me demande à ce moment-là de faire le choix que j'ai toujours évité de faire : choisir un de mes deux parents. J'ai choisi Papa sachant que Maman serait blessée de ne pas avoir été désignée. Par la suite, on m'a installée dans ma chambre et quelques minutes à peine après mon arrivée les infirmières sont venues faire l'inventaire de mes affaires personnelles et ont retiré tous les objets interdits : ciseaux, pince à épiler, rasoir, aiguilles, nourriture, chargeur. Puis on m'a fait un électrocardiogramme, mon cœur battait à 38 battements par minute, ce qui n'est pas normal. Je me suis également pesée, tout habillée et là, le Docteur M est entré dans ma chambre pile à ce moment-là. Mon IMC était très bas, à une dénutrition de stade 3. J'avais honte, comment avais-je pu en arriver là ? Je mentais à mes parents m'ajoutant quelques kilos pour moins les inquiéter. Les mots raisonnaient comme des poignards, j'étais allée trop loin. Nous avons ensuite eu un rendez-vous familial avec mes deux parents, le Docteur M et le Docteur G qui était la psychiatre référante ce jour-là et qui deviendra ma psychiatre pour toute l'hospitalisation. Nous avons discuté des objectifs de l'hospitalisation et de ce que j'en attendais. Je n'ai que très peu de souvenirs de ce rendez-vous comme des premières semaines à la clinique à vrai dire, mon cerveau était comme éteint. Je me rappelle seulement des quelques mots du Docteur M à mes parents « votre fille est à un IMC 14, catastrophique, il faut réagir », nous avons établi un contrat de prise de poids de 100 grammes par jour avec des compléments nutritionnels si je ne suivais pas la courbe de poids. Ma durée d'hospitalisation était estimée à environ 4 mois. Je n'ai jamais voulu peser un poids aussi faible. Je voulais que ma souffrance se voit sur mon corps et je n'ai jamais réussi à atteindre un poids qui représentait toute ma douleur interne. On ne développe pas l'anorexie en voulant à tout prix être squelettique, mais pour tirer la sonnette d'alarme, pour que les autres comprennent qu'il y a un problème. C'est seulement plus tard, lorsque les comportements sont omniprésents, ancrés, qu'on veut être plus minces ou qu'on se trouve moche à poids faible. Nous voulons juste que les autres comprennent qu'on souffre énormément et c'est le meilleur moyen que nous avons trouvé. Le problème n'est donc pas la nourriture, mais bien l'environnement qui nous a rendu malades. Je n'arrivais pas à exprimer ce qui n'allait pas, j'étais l'enfant qui ne faisait pas de vague. Néanmoins, j'avais des responsabilités d'adulte alors que je n'étais qu'une gamine, je pleurais, mais je n'avais jamais appris à demander d'aide, je me débrouillais seule, j'avais des pensées destructrices, mais personne ne le voyait, car je n'en parlais pas. J'étais la petite fille où tout roulait. Et puis un jour faire semblant n'a plus suffi et j'ai en quelque sorte implosé. Je me rappelle également que lors de ce rendez-vous, c'était la première fois depuis un long moment que mes parents dialoguaient à peu près calmement. Puis ce fut l'heure de la séparation avec mes parents, le moment de leur dire au revoir pour me tourner vers la guérison, vers la vie. Mon Papa m'a dit à ce moment-là « maintenant, tu dois te battre, c'est toi qui accompliras le travail », il avait raison, maintenant, c'était à moi de tout donner pour repousser la maladie, pour reprendre possession de ma vie. Après cela, le premier repas est vite arrivé. On m'a énoncé les règles à suivre : on ne discute pas de la maladie à table, on mange dans l'ordre entrée-plat-laitage-dessert, nous avons 45 minutes pour terminer notre plateau, et je dois terminer mon plateau entièrement sinon je dois prendre un complément nutritionnel (CNO). Les repas étaient appelés repas thérapeutiques, car nous étions toujours accompagnées d'une infirmière, des diététiciens ou de la psychologue. Mon plateau est arrivé et j'ai fondu en larmes. D'une part, car j'avais établi mon menu avec mon diététicien monsieur S et que rien ne correspondait à ce que l'on avait choisi ensemble et d'autre part, car la quantité de nourriture que je devais ingurgiter me semblait juste astronomique. Monsieur S avait décidé de me mettre en plateau entier dès mon arrivée pour que je commence la reprise de poids dès le premier jour. J'étais d'accord avec cette méthode, car je savais que commencer avec des plateaux incomplets continuerait de me faire perdre du poids et ne ferait que retarder ma sortie. J'étais tout de même tétanisée devant cette montagne de nourriture, mais à ce moment-là, devant mon premier plateau, je me suis fait la promesse à moi-même de toujours les terminer entièrement, c'était le seul moyen d'avancer. En terminant mon déjeuner, la culpabilité était insurmontable, je n'avais jamais autant mangé depuis si longtemps. J'ai passé le reste de l'après-midi à pleurer dans mon lit à me dire que j'avais dû prendre au moins 5 kilos en seulement un repas. J'avais ce sentiment de honte d'avoir mangé et de ne pas le mériter.

J'ai appris que ce même jour de mon hospitalisation, Marie avait posé une main courante contre mon père. Je l'ai très mal vécu, car j'ai eu le sentiment qu'elle attendait cette date pour qu'on ne s'intéresse pas seulement à moi et qu'on fasse aussi parler d'elle. Après notre rendez-vous, mes parents s'étaient mis d'accord pour que ma sœur retourne chez mon père de force et elle ne le souhaitait absolument pas donc elle est allée poser sa main courante qu'elle préparait depuis déjà quelque temps.

Vers 17 heures, j'ai eu mes trois meilleures copines au téléphone, Eva, Oriane et Lou. Chaque année depuis 3 ans, nous partions en vacances toutes les quatre au mois d'août. J'adorais ces vacances, je les attendais toute l'année, car nous passions de superbes moments ensemble, à rire, sortir, se baigner, faire du vélo, cuisiner et également devenir autonomes et adultes ensemble. Cette année-là, elles étaient parties toutes les trois sans moi et je m'en voulais beaucoup de ne pas être en mesure d'être à leurs côtés cette année.

En fin de journée, seulement, je suis sortie de ma chambre et j'ai fait la connaissance des autres personnes hospitalisées. Toutes les pathologies étaient mélangées dans mon pavillon et j'étais la seule hospitalisée pour troubles du comportement alimentaire. Les infirmières m'avaient dit que les autres filles étaient parties en vacances et qu'elles reviendraient dans la semaine. Le soir, avant de dormir, c'était l'heure de la collation du soir et du traitement. J'avais l'impression de passer mes journées à manger : 9 h – petit déjeuner, 10 h 30 – collation du matin, 12 h 30 – déjeuner, 16 h-collation du goûter, 18 h 30 – dîner, 21 h – collation du soir soit 6 fois par jour à me confronter à ma plus grande peur, 6 fois par jour à culpabiliser, à pleurer après chaque repas et à lutter contre toutes les pensées intrusives de la maladie qui me faisaient me rendre coupable de me soigner. Mon diététicien dit d'ailleurs souvent que les TCA sont la seule maladie qui nous fait culpabiliser de nous soigner. Un malade d'un cancer ou d'une grippe ne culpabiliserait pas de prendre ses médicaments pour guérir. Dans les troubles alimentaires, notre seul médicament est la nourriture et on culpabilise de l'utiliser pour se soigner.

Les traitements étaient donnés par les infirmières de nuit selon la prescription médicale. Ils m'ont donné un médicament qui était sur mon ordonnance, mais que je ne prenais jamais, car il me faisait dormir en continu plusieurs jours. J'ai dormi toute la journée du lendemain et je ne me souviens d'absolument rien à part du réveil à 6 heures pour la prise de sang interminable, car à cause de la dénutrition, mon sang ne s'écoulait pas et qu'il fallait remplir une quinzaine de tubes. Puis il y a eu la pesée, j'avais encore perdu du poids malgré tous mes efforts de la veille. La maladie était heureuse, moi, totalement dépitée. Dans la matinée, ma psychiatre, Docteur G, est passée pour notre rendez-vous quotidien. J'ai directement accroché avec elle, elle était tellement positive, dans la compréhension et l'empathie. Elle avait un caractère solaire qui me plaisait beaucoup. Rapidement, je me suis habituée à la routine de la clinique avec les réveils par les infirmières à 7 heures pour la pesée, prise de glycémie, tension, température, pouls. La glycémie, le pouls et la tension étaient très bas et rapidement, on m'a prescrit des vitamines pour combler les carences et faire remonter mes constantes. Dans la semaine, les autres patientes hospitalisées pour TCA sont revenues et j'ai fait la rencontre de Luna, Lena et Jeanne. Je connaissais déjà Luna, nous étions aux groupes de parole ensemble et j'étais là lors de son premier jour à la clinique. Aujourd'hui, elle a une date de sortie, elle va mieux, rigole de nouveau, a des projets pour l'avenir… Elle m'inspire beaucoup et voir son évolution de son premier à son dernier jour était une grande source de motivation pour moi qui débutait tout juste les soins à la clinique. Les premiers repas à plusieurs étaient un peu déstabilisants, car nous ne mangions pas la même chose, pas les mêmes quantités et les tocs de la maladie étaient visibles chez chacune de nous. J'ai rapidement accroché avec chacune des filles, nous étions toutes dans la même situation à se battre contre la même maladie et les mêmes pensées. Elles sont devenues mes confidentes en cas de moments durs et nous nous encouragions et félicitions à chaque petit pas. Pour tout le reste du monde, ces petites avancées paraissaient anodines, mais ces filles savaient ce que valait chaque pas en avant. Toutefois, dès le début de l'hospitalisation, je culpabilisais d'occuper une place à la clinique. Je ne me sentais pas assez malade pour être soignée comparée à d'autres. Je ne me pensais pas si maigre que ça, d'autres en avaient plus besoin que moi et je leur volais cette place.

9 septembre 2021

« Si je pouvais te hurler que ça ne vaut pas la peine, que tu ne serais pas plus heureuse comme ça, qu'au fond ce n'est pas ça qui réglera tous tes problèmes. Si je pouvais te montrer comment ça t'a détruit, comme tu t'es isolée, comme tu as changé, comme tout est devenu tellement plus compliqué.

Si je pouvais t'expliquer comme tu as raté des opportunités, des vacances avec tes amies, les études dont tu avais envie, les soirées où tu ne voulais même plus aller.

Si je pouvais te montrer à quel point tu as inquiété ta famille, ne plus pouvoir avaler une bouchée, leur demander d'être hospitalisée.

Si je pouvais te raisonner sur le fait que la vie n'est pas une restriction, que tu n'avais pas à te poser toutes ses questions. Que tu n'avais pas à compter les calories, que tu as le droit de manger ce dont tu as envie.

Si je pouvais, je te supplierais de ne jamais commencer. »

Petit à petit, le quotidien de la clinique est devenu habituel et vraiment rassurant. Je me sentais comme dans une bulle de protection malgré le fait que chaque jour, je me faisais violence plus que jamais auparavant. Je commençais à connaître les infirmiers, les médecins et les autres patients. J'occupais mes journées en faisant énormément d'ateliers créatifs comme des perles, du coloriage, de la peinture, des attrape-rêves… J'ai également énormément écrit. J'ai écrit à moi, à ma maladie, à mes proches, au monde. Je trouvais une réelle échappatoire dans ces activités. Cela me permettait d'arrêter de ruminer et de m'occuper.

Au tout début de mon hospitalisation, j'ai repris du poids très rapidement. Cette rapidité m'effrayait, j'avais peur que les médecins ou mon entourage me jugent moins valide à demander de l'aide. J'étais terrorisée à l'idée d'être en avance dans ma reprise de poids, si bien que lorsque j'avais de l'avance, je relâchais mes efforts. J'ai aujourd'hui conscience que cette manière de fonctionner n'était pas adaptée. Chaque corps réagit différemment à la renutrition et si mon corps récupérait de cette manière, c'était qu'il en avait réellement besoin. J'ai plus particulièrement compris cela plus tard, en restant à la clinique après l'obtention de mon poids cible. Les médecins ne me jugeaient pas guérie à un certain poids. C'était un facteur d'amélioration, mais ça n'était pas la question centrale. J'ai encore mieux compris et intégré qu'on pouvait souffrir d'anorexie à n'importe quel poids et que ce n'est pas uniquement une question d'IMC. C'était très dur pour moi plus tard d'avoir un poids normal, je n'avais pas envie d'être normale, j'avais envie qu'on voit tous mes problèmes juste en regardant mon corps tout fragile. Je dois même avouer qu'encore aujourd'hui mon corps malade me manque, ce corps qui me permettait de parler sans avoir à le faire. Choisir de guérir, c'est choisir de renoncer à ce corps malade, mais aussi récupérer la vie et faire disparaître tous les avantages de la dénutrition. Cependant, au bout d'un moment, mon cerveau ne suivait plus mon corps. J'avais l'impression que mon corps guérissait, mais pas mon esprit. Je reprenais du poids, mais les pensées n'avaient pas bougé. J'ai alors décidé de ralentir la prise de poids toute seule sans concerter les médecins. J'ai arrêté de prendre mes CNO et j'ai donc accumulé un retard considérable sur la courbe de poids que j'étais censée suivre. La maladie était heureuse de mon retard, les médecins l'étaient moins. Le 3 novembre 2021, les médecins m'ont demandé quelle était ma stratégie pour rattraper mon retard. Je leur ai alors dit que si je n'avais pas repris du poids d'ici la semaine d'après, j'acceptais qu'on me pose une sonde naso-gastrique pour m'aider à revenir dans la courbe. Un soir, je me suis rendu compte pour la première fois que lorsque la nuit enveloppe les rayons de soleil, lorsque je suis seule dans mon lit, il n'y a plus que moi sur qui je peux compter. Il n'y a que moi pour faire face à mes peurs et à ma culpabilité. Je peux être la plus entourée, être suivie par de super médecins, avoir une famille avec des failles, mais aimante, personne ne pourra lutter pour moi contre mes démons. Personne ne se battra à ma place, personne ne pourra me sauver si je ne le fais pas et ça m'a crevé le cœur d'en prendre conscience. C'est moi qui dois escalader mes peurs, mes angoisses. C'est moi qui dois faire de chaque pas une victoire. Même si certains de mes proches voudraient donner leur vie pour la mienne, cela ne peut pas fonctionner. Je suis seule à pouvoir décider de vivre et dans la nuit, lorsque le soleil se couche, je suis seule face à moi-même, à mes peurs, à mes angoisses et à mes doutes. C'est épuisant, car à chaque fois qu'on lâche un tout petit peu notre garde, à chaque fois qu'on se laisse vivre un peu plus normalement, la maladie s'engouffre pour nous rappeler que non, nous ne sommes pas normaux sur certains sujets et certains points doivent encore être cadrés. Pour vous donner un exemple, lorsque je vais au restaurant avec des amis ou ma famille, je suis obligée de regarder la carte des jours avant pour savoir exactement ce que je vais demander au serveur quand il viendra prendre ma commande. Sans cela, je sais que je me laisserai totalement aller à prendre le repas le moins calorique de la carte, à écouter la maladie. Cela peut paraître être une petite chose, mais c'est cet amas de toutes petites choses qui rendent le quotidien pénible, lourd. C'est une guerre de longue haleine et l'hospitalisation, le soutien de mes proches, mes soignants formidables ne peuvent rien faire face à cela. Je peux si je le souhaite les manipuler comme je le veux, mais face à mes pensées malades, face à la petite voix devant mon plateau, il n'y a que moi.

24 octobre 2021

« Et puis un jour, manger est devenue une angoisse. Manger est devenu une réelle souffrance alors que c'est la première chose qu'on apprend à faire dès notre naissance. Je pense que nous pouvons dire que s'alimenter est inné. Sans nourriture, nous ne survivons pas.

Et puis un jour, tu culpabilises d'avoir avalé ne serait-ce qu'une portion ridicule. À faire des produits en croix pour respecter un débile quota que tu t'es fixé.

En arriver à faire plus de maths qu'en prépa obsédée par chaque bouchée.

Et puis un jour, tu te trouves énorme dans le miroir alors que la dernière fois que tu pesais ce poids, tu avais 9 ans.

Et puis un jour, tu veux que la souffrance se lise sur ton visage, car tu n'arrives pas à l'exprimer à ton entourage. Tu aimerais leur hurler, mais rien n'y fait, tu es paralysée.

Un jour, cette petite voix est devenue plus forte que moi. Et ce jour-là, la restriction est devenue une vraie obsession.

Mais je t'assure qu'un jour, tu guériras et que de tout ça, tu te sortiras.

Que tu ne vas pas passer ta vie avec la maladie. Qu'il y a tant de choses à vivre pour ne pas se laisser mourir.

Qu'il faut seulement se raccrocher et ne plus se retourner. Non ne pas se retourner, car une partie de toi ne veut pas s'en séparer. »

2 novembre 2021

« Je sais que ce n'est pas facile, mais tu ne peux pas te comparer en omettant certains paramètres. Tu ne fais pas la même taille que les autres et ça n'est pas grave, oui, tu es sortie de la courbe de taille, mais ça n'est pas de ta faute.

Tu ne dois pas ressembler à l'idéal que tout le monde a d'une petite fille.

Les autres se focalisent sur ton poids parce qu'ils ne peuvent pas se focaliser sur autre chose.

Tu n'as pas besoin d'être voltigeuse au cirque pour être importante dans un numéro.

Ce n'est pas simple d'être formée avant tout le monde, mais tous passeront par là à un moment donné.

Tu es simplement une enfant, ce n'est pas à toi de contrôler ton alimentation et de faire attention. Quand on est enfant, c'est aux parents d'assurer une alimentation équilibrée.

Maman n'a pas une alimentation normale et c'est son choix. Tu n'es pas obligée de vivre en faisant des régimes toute ta vie ou te priver de sucre. »

3 novembre 2021

« Aujourd'hui est une longue journée pluvieuse. Je regarde les gouttes tomber dans les feuilles qui se sont détachées des arbres pour venir tapir le sol du parc. En observant les gouttes, j'ai l'impression de les comprendre, d'être comme elles. Le soleil se cache, mes larmes roulent sur mes joues. Ce matin, nous avons discuté avec Docteur G des habitudes alimentaires dans ma famille. Elle m'a demandé si dans ma famille, le poids, la nourriture étaient un sujet.

Lorsque j'étais petite, j'ai toujours vu ma Maman faire attention à ce qu'elle mangeait, ne pas vraiment s'autoriser de plaisir, ou alors c'est moi qui l'interprétais peut-être comme cela. Elle enchaînait les régimes : Dukan, régimes hyperprotéinés, régime sans sucre, pâtes de konjac, gélules minceur. Je pense que cela a bâti en moi une pensée qui me faisait croire qu'il fallait toujours faire attention à ce que l'on mangeait, que le plaisir alimentaire était quelque chose de dangereux, d'interdit. Ma maladie m'a en quelque sorte permis de prouver à ma Maman que moi, j'étais capable de perdre du poids très vite. Ma Maman ne mangeait presque jamais les mêmes choses que nous, elle nous faisait dîner en premiers puis elle dînait un autre repas avec mon Papa puis quelques années plus tard avec Georges. Mon père de son côté nous répétait sans cesse qu'il était légumophobes, il ne mangeait aucun fruit et légume et ne mangeait également pas de poisson. Dans mes souvenirs, les repas étaient extrêmement rarement des moments de partage avec mes parents. Nous mangions ensemble uniquement pour les grandes occasions. Vers l'adolescence, les repas chez ma mère sont devenus des moments que je redoutais. Moment de retrouvailles avec mes frères et sœurs, nous profitions généralement de ce moment pour se chamailler, se rendre nos comptes. Les repas terminaient souvent en pleurs, en engueulades ou en claquant la porte de nos chambres respectives, et c'était le même cinéma tous les soirs. Chez mon père, nous dînions tous ensemble, mais les repas étaient également des moments très stressants pour moi, car Charlotte faisait l'éducation à table de Marie et Théo. J'étais extrêmement angoissée que mon frère ou ma sœur se prennent une réflexion pointue sur leur manière de se tenir. Pour ma part, je me suis toujours assez bien tenue à table et je n'avais que très peu de réflexions, mais les remarques fusaient souvent et j'avais peur que mon frère ou ma sœur soit blessé par une réflexion. Parfois, j'écrasais leurs pieds pour qu'ils se redressent ou qu'ils remettent la main sur la table.

Ma petite sœur, Marie était toujours celle que l'on qualifiait de mince et belle dans la fratrie. Plus jeune, elle avait été sélectionnée pour être mannequin pour un défilé d'une marque de vêtements. Secrètement, je l'enviais beaucoup d'avoir ce corps sans formes, avec des jambes "baguettes". Moi ce n'était pas pareil, depuis l'adolescence, j'étais assez musclée et donc j'avais une silhouette plus développée. Une chose qui m'a également beaucoup marquée, c'est lorsque ma grand-mère utilisait le terme "menu". Je pense que le fait qu'on nous compare sur le plan morphologique nous a beaucoup nui à toutes les deux. Pour ma part, j'avais l'impression que cette place lui était réservée et que moi, j'avais sûrement d'autres qualités, mais certainement pas celle d'être mince. Je me souviens d'un jour dans notre maison de campagne ou ma grand-mère lui a fait remarquer qu'elle avait naturellement le "thigh gap" (vous savez, ce fameux écart entre les cuisses). Moi, je ne l'avais pas. J'essayais de me mettre dans toutes les positions pour l'avoir et montrer à ma grand-mère que moi aussi, j'avais cet écart, signe de beauté et de minceur pour la société, mais rien n'y faisait, mes cuisses restaient collées entre elles. Je pense que c'est la première fois que je me suis sentie grosse ou du moins plus grosse que ma sœur. Après cela, je me regardais souvent dans le miroir pour voir si j'avais enfin réussi à avoir cet écart entre les cuisses, je savais que c'était un synonyme de beauté pour la société et j'ignorais la part morphologique de celui-ci. Lorsque j'ai commencé à perdre du poids, j'ai vu mes cuisses se séparer, j'avais réussi mon rêve secret de petite fille, rentrer dans les critères de beauté débiles véhiculés par la société. »

Dans cette maladie, nous passons notre temps à nous comparer, tout le temps, partout. C'est alors un réel problème que de comparer deux personnes malades. Dans la rue, c'est triste à dire, mais la première chose que je regarde, ce sont les cuisses des gens et souvent, je me dis que je suis bien plus grosse et j'ai l'impression que tout le monde a des TCA. Je compare mon corps, mais également la nourriture, les quantités, la coiffure, le style vestimentaire, la démarche, et je trouve que je parais tâche par rapport aux autres. La clinique m'a beaucoup aidée sur cela. Nous étions toutes à la même table peu importe notre niveau de maladie et notre branche de TCA (anorexie, boulimie, hyperphagie) et nous n'avions donc jamais les mêmes choses à manger ni les mêmes proportions. Au départ, c'est difficile, car nous avons tendance à regarder les plateaux, les tocs, le corps des autres, mais avec le temps nous apprenons à mettre des œillères comme dirait mon diététicien. Cela est très aidant pour reprendre sa vie à l'extérieur, car cela nous permet d'apprendre que nous n'avons pas toutes les mêmes besoins, les mêmes quantités et que nous pouvons tout de même partager ces moments sans être jugées.

Ces dernières semaines, je me suis énormément rapprochée de Jeanne et de Lena. Ces deux filles sont des petites pépites d'or, de vraies personnes formidables. Lena est brune aux yeux d'un bleu éclatant. Lorsque je suis avec elle, j'ai l'impression que j'ai un poids en moins à porter. Elle est toujours extrêmement encourageante et attentionnée. Jeanne est une jolie brune avec un visage extrêmement doux. J'ai pour la première fois l'impression de pouvoir enlever mon masque à ses côtés, d'être qui je suis sans avoir besoin de travestir mon identité par quelques moyens que ce soit. Elle est mon opposé, nous pouvons nous comparer au yin et au yang. Elle a été mon premier binôme à la clinique et presque deux ans après on parle encore du duo « Jeanne et Amélia ». On se motive toutes les deux, se redonne le sourire quand c'est difficile.

Ma psychiatre de la clinique n'était pas très adepte du fait que je passe mes permissions avec d'autres patientes, mais nous les passions quand même ensemble à aller prendre des cafés en terrasse, à refaire le monde. Un jour, le médecin de Jeanne est parti en vacances et elle a eu Docteur G en médecin remplaçante. Ce jour-là, elle lui a dit que Jeanne était trop malade pour moi et qu'elle allait me freiner dans ma guérison. Ce jour-là, Jeanne a pratiquement fugué de la clinique sous le coup de la colère, mais a ensuite voulu prouver à Docteur G qu'elle avait tort et que je pouvais la prendre pour exemple. À ce moment-là Jeanne a évolué à pas-de-géant et moi, j'ai coulé, voulant peut-être inconsciemment être la plus malade. Jeanne est sortie en décembre, mais nous n'avons jamais perdu contact et elle est aujourd'hui une des personnes qui compte le plus pour moi.

Comme le dit une citation, « les opposés s'attirent », cela n'a jamais été aussi vrai que dans cette relation. Jeanne est devenue avec le temps ma meilleure amie, celle que je veux voir lorsque je vais mal, car je la connais comme mon meilleur antidépresseur, mais également celle avec qui je veux partager chaque avancée, chaque victoire. Je me sens revivre à ses côtés.

Dans la famille, je pense que j'avais une place spéciale. Une place que je n'avais pas demandée, mais qui m'était en quelque sorte imposée. Je jouais les messagers entre mes deux parents. Ils ne voulaient plus communiquer entre eux, alors c'était par moi que transitaient les demandes et les non-dits. Je m'occupais de beaucoup de choses qui n'étaient ni de mon âge ni de mon ressort. Cette place me pesait, mais je n'arrivais pas à l'exprimer et à me faire entendre. Les entretiens familiaux avaient pour objectif que je m'émancipe de cette place toxique au milieu de mes deux parents qui étaient en guerre ouverte depuis quelque temps. Leur divorce a été quelque chose d'extrêmement dur et douloureux pour moi. Nous étions la famille parfaite et nous nous sommes retrouvés dans une famille qui a explosé violemment. Une famille où la communication péchait et n'était pas envisageable. Je ne m'attendais absolument pas au divorce de mes parents, ils ne se disputaient jamais devant nous et j'avais donc l'impression que leur amour durerait toujours. La première fois que j'ai vu mes parents se disputer, c'était le jour où ils nous ont annoncé leur divorce. Mon père est parti de la maison et j'ai vécu ce départ comme un réel abandon de sa part, car nous nous voyions que très peu souvent. Puis nous avons dû trouver de nouvelles marques avec les nouveaux compagnons de mon père et de ma mère. Ce qui me tourmentait le plus c'est que mes parents avaient une importante rancœur entre eux. Ils n'arrivaient absolument plus à communiquer, même sur des sujets graves nous concernant. Dans le jugement du divorce, il était écrit que nous devions aller une semaine chez mon père et l'autre chez ma mère. Changer de domicile chaque semaine était difficile, car j'avais l'impression de traîner ma valise d'une maison à l'autre et de n'avoir qu'à peine le temps de m'installer, que je devais de nouveau repartir. Encore à l'heure actuelle, j'ai une grande peur d'oublier des affaires à chaque fois que je pars quelque part. De plus, si je me sentais chez moi chez ma Maman, dans la maison où j'avais habité toute mon enfance, il n'en était pas le cas chez mon papa. Nous avons déménagé quatre fois en l'espace de 3 ans et il fallait à chaque fois de nouveau investir les lieux, se créer des repères dans ces logements que nous ne connaissions pas. Le Docteur M est extrêmement dur lors des entretiens familiaux. Il est parfois dur avec nous, patient, mais également énormément avec les parents qu'il juge souvent défaillants et inappropriés. Je pense que c'est très dur en étant parent d'entendre qu'on a pu être défaillant pour ses propres enfants. Ma Maman a toujours eu du mal avec les entretiens familiaux. Dès le premier rendez-vous, elle se défendait en attaquant le Docteur M. elle lui a par exemple demandé « et vous, vous avez des enfants pour me dire comment je dois élever les miens », « vous l'avez eu où votre diplôme ? ». Nous avons essayé les rendez-vous, mais cela n'a pas abouti pour elle, car mon médecin n'arrivait pas à communiquer avec elle. Un matin, lors d'un entretien familial, elle n'a pas supporté les injonctions faites par les médecins et mon père et elle est partie en claquant la porte. Nous avons eu par la suite un dernier entretien pendant lequel ma Maman et le Docteur M se sont hurlés dessus. J'étais en visio avec ma mère, dans ma chambre à la clinique avec le Docteur M. Cela a signé la fin des entretiens avec ma Maman.

5 novembre 2021

« Je suis en train de réfléchir à des phrases ou des gestes qui ont, je pense, déstabilisé la petite fille que j'étais, sans souci alimentaire et pas trop mal dans ses baskets. Je me souviens de parfois avoir remis en cause cela. Lorsque j'étais petite, vers mes 3 ans, j'étais en très petite section et ma maîtresse de l'époque a dit à mes parents qu'elle pensait qu'il fallait que je fasse seulement 3 ans de maternelle et pas 4 sinon je m'ennuierais à l'école. Après avoir fait un bilan psychologique, il a été découvert que j'étais haut potentiel intellectuel avec une précocité intellectuelle, mais avec un quotient émotionnel qui traînait loin, derrière. La psychologue a expliqué à mes parents qu'ils allaient devoir me nourrir énormément de plein de savoirs et que je serai une petite fille passionnée. À la fin du rendez-vous, la psychologue a dit à mes parents "bon courage". À ce moment, ils n'ont pas vraiment compris pourquoi elle leur souhaitait du courage. Je ne me suis jamais sentie particulièrement différente avec ce diagnostic, mais je me suis rapidement rendu compte que je m'entendais bien mieux avec les personnes plus âgées, c'est encore le cas à l'heure actuelle et je ne me sentais pas à ma place avec les jeunes de mon âge.

Pour le côté alimentaire, je me rappelle que lorsque j'avais 8 ans, la femme de mon grand-père, Lise m'a fait monter sur la balance après un repas où je m'étais resservie et où j'avais mangé à ma faim. À ce moment-là, je ne me préoccupais pas encore spécialement de mon poids. J'étais plutôt au-dessus de la moyenne pour ma taille et donc pour mon poids. D'après mon carnet de santé, j'avais toujours eu dans mon enfance, un IMC plutôt dans la moyenne basse. Ce jour-là, ma belle grand-mère m'a dit que je devais faire attention, attention au poids que je prenais. J'ai vécu cette pesée comme une réelle humiliation, car je me sentais trop grosse pour mon âge. Aujourd'hui, ma Maman me rappellerait que certes, j'étais dans la norme haute de mon poids, mais je faisais aussi 10 centimètres de plus que la normale de mon âge. Après cela, j'ai développé une honte de me faire peser. Je craignais les visites médicales, car j'avais peur de devoir monter sur la balance et qu'on me dise que mon poids était trop haut, qu'il fallait que je fasse attention. Je prenais mon poids comme le seul référentiel en oubliant que j'étais plus grande que les enfants de mon âge. Lorsqu'on me demandait mon poids, au ski par exemple, je donnais toujours un poids de 5 kilos en dessous du mien. J'avais terriblement honte du poids que je faisais. Dans l'équation taille, poids, seule la variable poids m'intéressait.

Je me souviens aussi du jour où j'ai dépassé les 50 kilos. Quasiment personne ne se souvient de ce jour, mais il a été assez marquant pour moi. Ma Maman me pesait à l'époque et elle a utilisé l'expression "la barre des 50 kilos". C'était difficile pour moi de franchir ce poids, car j'avais l'impression que quelque chose changerait du tout au tout. Là encore, je ne prenais pas en compte que c'était normal à partir d'une certaine taille de franchir à un moment ce poids.

Lors de ma chute dans l'anorexie, mon premier objectif a été d'atteindre de nouveau cette barre. J'avais l'impression d'être passée avec ce poids d'un corps d'enfant à un corps d'adulte, que cela ne serait plus pareil si je pesais 49 ou 50 kilos. Cette barrière était devenue synonyme pour moi de l'enfance.

Depuis toujours, mon père est dans l'hypercontrôle sur beaucoup de points et je pense que cela fait qu'aujourd'hui, j'ai besoin de rétablir ce contrôle dans ma vie, d'enfin prendre le contrôle à mon père et d'à mon tour tenir mes propres rênes. Le problème est qu'aujourd'hui ce contrôle passe avant tout et sur tous les sujets.

Durant une bonne partie de mon enfance, je subissais des comparaisons avec ma sœur, mais aussi avec mon tonton du même âge que moi. Ma sœur était la petite fille "menue", belle, sans imperfection… Je pense que ma sœur souffrait de cette étiquette collée sur nos fronts. D'une part, car elle souffre également de troubles alimentaires et qu'une critique corporelle positive ou négative peut avoir un réel impact sur le trouble. Par exemple, le fait qu'on expose sans cesse qu'elle était menue a provoqué chez elle le fait qu'elle voulait tout faire pour garder ce corps d'enfant. Ma sœur et moi sommes très différentes niveau caractère. Nous sommes un peu comme le jour et la nuit. J'ai toujours été dans les clous, je respectais toutes les règles qu'on m'imposait même si je les trouvais parfois profondément injustes. Ma sœur, elle cherchait toujours à transgresser et à exprimer qu'elle avait du caractère en essayant par exemple d'avoir les mots les plus originaux dans son carnet au collège. Elle ne respectait pas les cadres posés, lorsque ma belle-mère lui disait qu'elle s'habillait avec des habits trop courts, elle s'habillait normalement à la maison et se changeait et se maquillait au collège. Elle avait cette étiquette de beauté collée sur le front tandis que moi, j'avais l'étiquette de la bonne élève. J'étais bonne en cours, studieuse, j'avais de bons résultats, le brevet et le bac avec mention, je n'avais jamais eu aucun mot dans mon carnet et je ne me faisais jamais reprendre par les professeurs. Je ne pouvais pas transgresser, j'en étais incapable, car je voulais à tout prix éviter le conflit et j'avais peur de décevoir si je ne faisais pas exactement ce qu'on me disait. Mon tonton Chris, lui, réussissait divinement tout ce qu'il touchait. Il est devenu excellentissime en magie, en pâtisserie, en musique, en maths. Tout ce qu'il entreprenait, il le réussissait brillamment. Nous n'avons que 11 mois d'écarts et à chaque fois, j'avais cette impression de ne réussir les choses qu'à moitié quand lui excellait à tous les niveaux. Je suis très impressionnée de tout ce qu'il arrive à réussir et il a été en quelque sorte mon modèle pendant assez longtemps.

J'ai toujours été très timide et émotive. J'étais plutôt très introvertie, mais pour autant, je me faisais des amis partout très facilement lorsque j'étais petite. Mon harcèlement au secondaire a changé cela, je n'arrivais plus à m'intégrer, je préférais rester seule de peur de déranger, de m'imposer dans les groupes. Je suis également hypersensible depuis que je suis toute petite. À chaque remarque de mes parents, je me mettais dans des états pas possibles. Je me souviens d'un jour avoir été fière de moi, car je n'avais pas pleuré de la journée et c'était pour moi une grande réussite. Je n'avais également aucune confiance envers moi-même. Je savais par exemple faire mes lacets, mais j'étais tellement persuadée que je n'y arriverais pas que je considérais que je ne savais pas les faire. J'ai été très tôt voir une psychologue pour travailler sur ma confiance en moi qui pêchait, mais sans grand succès à ce propos. »

9 novembre 2021

« Je me sens bien dans ce groupe avec les autres patients de la clinique. C'est la première fois que je n'ai pas peur d'être en groupe. Cela m'a toujours posé problème, notamment au collège et au lycée où j'avais un nombre très restreint d'amis. J'avais extrêmement peu confiance en moi, j'étais rejetée. En sport, j'étais toujours choisie la dernière. Cela renforçait ma croyance que tout le monde me trouvait grosse et pas sportive. Je complexais énormément dans les vestiaires quand je voyais ces filles hyper bien foutues se mettre en tenue de sport. J'avais tellement honte que souvent, je me changeais dans les toilettes avant d'aller en cours. Secrètement, je crois que je les enviais. Elles étaient belles, bien habillées et j'avais l'impression qu'elles avaient confiance en elles. J'étais particulièrement jalouse de ce dernier point. Pourquoi je n'avais à ce point pas confiance en moi ? Je pense que le harcèlement que j'ai subi pendant ces années a beaucoup impacté la vision que j'avais de moi-même. On m'excluait de tous les groupes, on inventait des rumeurs à propos de moi, j'étais moquée pour ma manière de m'habiller, mon comportement, ma coiffure. Les années de collège ont été très difficiles à vivre, car je me sentais très seule et détestée de tous. Je me levais chaque jour avec une boule au ventre à l'idée de retourner au collège parce que je savais que j'allais repartir pour une journée de moqueries, d'isolement. Le sentiment d'exclusion, le jugement des autres et ces mots qui causent de nombreux maux étaient terribles et j'appréhendais chaque matin ce qui allait se passer durant la journée.

J'avais quelques amies à l'époque, dont deux que je connaissais depuis l'enfance et qui n'étaient pas dans ma classe avec qui j'étais très proche. Elles semblaient toutefois très loins lorsque tout cela m'arrivait. J'avais l'impression de ne pas savoir comment me faire des amis, comment m'intégrer. Tous avaient l'air de si bien y arriver alors que moi, j'avais fini par me dire que j'avais un problème et que je ne pourrai jamais exister au sein d'une classe ou d'un groupe. Je ne pensais pas à l'époque qu'on pouvait qualifier cela comme du harcèlement. Je pensais que c'était normal qu'on me juge si je n'étais pas assez belle, bien habillée et sociable. Je pensais que j'étais sûrement juste un peu bizarre et que les gens n'aiment pas les gens bizarres. À l'époque, je trouvais la solitude très injuste, car j'étais cette fille qui ne laissait jamais personne seule, notamment à la rentrée quand il y avait des nouveaux, et cela me retombait chaque fois dessus. Je faisais tout pour intégrer le plus possible les autres puis ils devenaient mes harceleurs. Un jour, en quatrième, je sortais des cours seule et en rentrant, la musique dans les oreilles, deux filles de ma classe m'ont interpellée de l'autre bout de la rue. Je m'entendais pas trop mal avec une des deux, Lola, qui était également assez seule en cours. L'autre qui était avec elle a crié à travers toute la rue "Amélia, va te suicider, tu ne sers à rien". À l'époque, j'avais très peur que quiconque autour ait pu entendre cela. Je ne me rendais pas vraiment compte de la gravité de ces propos, mais je me rendais bien compte qu'on ne m'aimait vraiment pas dans ce collège. Je me demandais déjà à cette époque comment la vie pouvait être aussi douloureuse et triste. Je n'en parlais pas du tout avec mes parents, car il faut bien comprendre qu'à l'époque, j'avais extrêmement honte de me faire embêter au collège, d'être la proie de mes "camarades" de classe. J'avais toujours de bons résultats scolaires et ma copie faisait souvent le tour de la classe avant d'arriver à mes mains. Parfois certaines personnes notaient des choses dessus ou déchiraient mes copies.

Je ne considérais pas ça comme spécialement grave d'être isolée en cours et puis je n'avais qu'à faire des efforts pour être plus aimée des autres. En 3e, j'ai fait la demande pour changer de lycée, car je ne voulais pas que tout cela recommence, je ne voulais plus autant souffrir que les dernières années. J'avais besoin de cette coupure, de ne pas recroiser les couloirs où j'attendais toute seule avec mes écouteurs pendant les récrés, de ne pas revoir les mêmes personnes qui resteraient probablement à Montaigne pour le lycée. Je voulais faire table rase et me retrouver dans une classe où je ne connaissais personne et où surtout personne ne me connaissait. Je savais que si je me retrouvais dans la classe d'une personne du collège, tout risquerait de repartir et mes années lycée ne seraient qu'une continuité douloureuse de mes années collège. J'ai malheureusement été refusée dans le lycée où je voulais aller et j'ai fait ma rentrée dans mon ancien collège ce que j'ai vécu comme un énorme échec extrêmement douloureux. Cela signifiait pour moi que je n'avais pas assez travaillé pour rentrer dans un meilleur lycée. À la rentrée, je ne connaissais personne qui avait été en cours avec moi auparavant. Je pense que cela m'a bien aidé pour tout recommencer à zéro. Là, j'y ai rencontré plein de nouvelles personnes superbes et les tensions existantes auparavant s'étaient dissipées. C'est seulement en seconde que j'ai compris que j'avais subi plusieurs années de harcèlement. D'une part, parce que je découvrais que je pouvais avoir des relations sociales apaisées et réelles et d'autre part, car j'ai participé à la fondation d'une association au sein de mon lycée. Cette association tentait de lutter contre le harcèlement dans l'établissement. Nous faisions des interventions dans les classes pour sensibiliser les élèves et les professeurs et nous prêtions une oreille attentive aux victimes qui venaient se confier à nous. Entendre les histoires des élèves qui en souffraient me faisait me rendre compte à quel point on peut être cruel à cet âge-là, mais surtout m'a fait réaliser que les victimes ne devraient jamais avoir honte d'exprimer leurs maux. C'est déjà assez éprouvant comme cela d'être la risée de toute une classe pour en plus se rajouter le poids de la gêne de subir cela. Ce qui me complexait énormément également, c'est que j'ai été formée très tôt. Ma puberté est arrivée vers 11 ans et nous étions rares dans ce cas. »

Accepter l'aide de plus

Nous ne sommes nous-mêmes que par la somme de nos échecs.
Emil Cioran

Le week-end du 6 novembre, j'étais figurante pour le tournage d'un film. Je n'ai pas pris mes CNO et j'ai sauté pratiquement tous mes repas, car j'étais seule chez moi tout le week-end. J'ai été pesée le lundi matin et sans surprise, je n'avais non seulement pas pris de poids, mais j'en avais même perdu par rapport à la semaine d'avant. J'allais donc inévitablement avoir la sonde. Lorsque mon médecin a donc décidé, avec mon accord, de me poser la sonde, j'étais d'un côté triste de devoir avoir recours à cet outil et de ne pas réussir à me débrouiller seule, mais j'étais aussi terrorisée de ce que mon père et ma belle-mère allaient penser. Ils avaient fait une comparaison avec le cordon ombilical qui rejoint le bébé à sa Maman. Je n'étais pas vraiment à l'aise avec cette analyse qui me semblait vraiment raccourcie. J'avais honte, honte de me rapprocher d'un bébé que l'on doit nourrir extérieurement. J'ai un peu vécu cela comme un échec, car cela voulait dire que j'avais besoin d'une aide extérieure pour remplir mes objectifs et que je n'en étais pas capable seule.

Pour la première fois, j'ai écouté les paroles de cette chanson de Sia « courage to change » qui disent « est-ce que j'ai le courage de changer ». Eh bien, je n'en suis pas si sûre. Je crois que je n'ai pas le courage de remonter la pente. Ce n'est pas par manque de volonté, mais plus justement par manque de courage. Je ne suis pas si courageuse que cela, le changement me terrifie, me paralyse. Si on m'avait dit plus jeune que je tomberai dans cette maladie, je ne l'aurai pas cru. J'aimais tant croquer la vie à pleines dents, dans tous les sens du terme. Mais j'ai implosé, explosé, le problème n'est pas la nourriture, mais mon environnement, ma manière de voir la vie, mes peurs, mes pensées préconçues. Je n'ai jamais décidé d'être une guerrière, mais on m'a lancé dans le combat sans avoir rien demandé. Je revois des photos de moi petite, toute heureuse, joyeuse, qui croquais la vie à pleines dents. J'étais une petite blondinette aux yeux clairs. Finalement, je n'ai pas tant changé que ça, à part cette petite étincelle de vie et cette insouciance dans le regard, je suis toujours la même petite fille au fond. J'aimerais tant engager une discussion avec elle, qu'elle vienne me secouer et me demander ce que je suis en train de faire de cette petite fille si ambitieuse, rêveuse et joyeuse. J'aimerais qu'elle m'accuse de la délaisser, de ne pas la protéger, de l'exténuer. Que cette petite fille n'ait aucune pitié avec moi, qu'elle m'accuse de son malheur et de sa perte. J'aimerais qu'elle lui crie dessus de reprendre sa vie en main, de se lancer dans de nouveaux projets, de faire bouger les causes qui lui tiennent à cœur. J'aimerais qu'elle me tienne tête, qu'elle me fasse culpabiliser de ne pas accomplir ses rêves, autant que la maladie me fait culpabiliser d'être encore en vie aujourd'hui.

Le problème aussi, c'est que je suis tellement contradictoire avec moi-même. J'ai l'envie de retrouver ma petite vie paisible et heureuse, de ne plus me prendre la tête, de vivre ma meilleure vie auprès de mes amies et de ma famille, de réaliser mes rêves. De ne plus avoir que des chiffres, des distances, des mesures, des pas dans la tête, d'avoir, plutôt tout plein de projets dans ma vie, de m'aimer pour ce que je suis, que cela plaise aux autres ou non, que cela soit conforme pour la société ou au contraire inconcevable. D'un autre côté, le trouble me chuchote encore à l'oreille que je suis plus forte en l'écoutant et en défiant Dame Nature, que la décision la plus sage serait de l'écouter, que j'aurai plus de stabilité en vivant à ses côtés, en ayant le contrôle et la perfection comme objectif. La maladie me dit que je ne pourrai jamais m'apprécier comme telle et qu'il vaut mieux que je change, que je maigrisse pour être plus aimable. Cette ambiguïté est terrifiante, car j'ai le sentiment qu'au fond je ne pourrai pas choisir, que le choix est déjà tout trouvé et que la maladie l'emporte sur ma personne pure.

On m'a posé la sonde le mercredi 10 novembre. Cela m'a fait un électrochoc. Ma maladie était visible sur mon visage. Je n'étais pas capable par moi-même de remonter la pente, j'avais besoin d'une aide extérieure pour m'aider. J'ai tout à coup pris conscience du fait que j'étais vraiment ancrée dans la maladie. La sonde est un petit tuyau en plastique qui part du nez, passe par la gorge et arrive à l'estomac. On y branche des poches de nutrition qui permettent de nous alimenter. Finalement je n'avais plus autant d'effort à faire, la renutrition se passait sans même que j'ai à faire quoi que ce soit. J'étais alimentée par sonde de 900 calories par jour et je mangeais le reste sur mes plateaux. C'était tout de même assez dur de me dire que je reprenais du poids en partie, sans même avoir le goût des aliments, juste par un liquide jaunâtre hypercalorique. Les premiers jours avec la sonde ont été très durs. J'assumais difficilement mon apparence, fuyais les miroirs. Lorsque je croisais le regard des gens dans la rue, j'étais emplie de honte. Je pense que c'est à ce moment-là que je suis réellement sortie du déni. La maladie était trop forte, j'avais encore besoin d'une aide supplémentaire pour m'en sortir. Voir la maladie sur mon visage m'a fait réaliser que je devais encore faire des efforts malgré le chemin que j'avais déjà parcouru. Au fur et à mesure, la sonde est devenue une alliée, car elle me permettait de montrer ma maladie sans forcément être symptomatique.

Le week-end du 13 novembre, j'avais décidé d'en finir, je ne pouvais pas supporter le fait de ne même pas être capable de reprendre du poids sans la sonde. Je me voyais grossir de plus en plus et ce sentiment était devenu insupportable. J'avais depuis le début repris 8 kilos et il m'en restait encore 8 autres à reprendre. La sensation de passer mes journées à me battre contre moi-même m'épuisait. Je n'en voyais pas le bout, j'avais l'impression d'être gavée par ce tuyau qui me nourrissait contre ma volonté. J'avais la sensation qu'on s'efforçait de me faire revivre alors qu'à ce moment-là, je n'avais pas pris la décision par moi-même de vivre. J'avais prévu de quitter ce monde. J'ai pris un grand nombre d'anxiolytiques lors d'une permission. J'étais tout endormie pendant la journée, mais personne n'a rien remarqué, j'ai passé l'après-midi avec mes deux meilleures copines de la clinique, Jeanne et Caroline qui ne se sont doutées de rien, enfin pas de la prise de ces médicaments. J'étais totalement en dehors de moi-même pendant toute la journée. Je m'endormais toutes les 5 minutes, gardais difficilement les yeux ouverts. J'ai parlé de ce passage à l'acte à très peu de personnes. Ce n'est que bien plus tard que je leur ai avoué que ce jour-là je n'étais pas juste endormie, mais totalement shootée aux médicaments pour en finir.

6 décembre 2021

« Aujourd'hui, c'est très dur, j'ai l'impression que personne ne comprend, du moins pas mon entourage familial. Mais pourront-ils un jour comprendre ? Je pense qu'il faut que je me fasse à l'idée que non. Ils peuvent être présents, mais ne peuvent pas s'imaginer cette dictature interne qui me broie, me détruit. J'aimerais tant que la société se rende compte que se sortir d'un trouble alimentaire est quelque chose d'extrêmement difficile, c'est une vraie guerre contre soi-même. Nous devons accepter de tout remettre en question, et même de douter de notre propre cerveau qui ne nous veut finalement que du mal. Se soigner est d'autant plus complexe quand on vit dans une société qui prône le corps idéal, le body summer, le jeûne intermittent, les régimes miracles et qui expose sur tous les magazines des mannequins avec un poids faible, dangereux. Cette société ne prend pas en compte nos besoins, notre corps. Elle prône la minceur et ses idéaux de beauté avant la santé physique et mentale. Elle ne se pose pas la question de savoir quelle est la détresse physique et mentale que cause cette minceur. Alors, non, personne ne m'a jamais demandé explicitement d'être maigre, d'aller aussi loin, mais c'est en réalité ce que la société idéalise et met en avant. Je fantasmais sur le corps de certains mannequins ou influenceuses beauté qui était en état de dénutrition, à plusieurs kilos d'un IMC sain et qui ruinait leur santé mentale et physique pour rester à un poids tolérable dans le but d'être affichée dans les articles de Elle ou Voici. La veille de mon hospitalisation, je me promenais dans mon quartier, à côté du bon marché. J'avais à cette époque un IMC à 13,7 et je me suis fait aborder par une chasseuse de têtes qui m'a dit que j'aurai beaucoup de succès dans le monde de la mode. Elle voulait que je devienne l'égérie de sa marque alors que j'avais un poids réellement mortel pour ma santé. En choisissant de guérir des TCA, il faut aussi choisir de s'opposer à ce culte de la minceur, choisir d'aller à l'opposé de ce que la société nous dicte et nous impose. Dans ma ville, Paris, on ne croise que des filles minces, élancées. Cela m'a longtemps fait croire que c'était finalement la norme. C'est en partant en vacances en juin 2022 que je me suis rendu compte qu'il y avait à Paris un concentré de femmes minces voir maigres et que ce n'était pas forcément le cas partout. »

10 décembre 2021

« Tout ce que je fais me rappelle que j'ai des TCA et cela devient éreintant. Je me lève pour me faire peser, me retrouve à table avec d'autres patientes malades, je passe ma journée à avoir des collations. Même sur les réseaux sociaux, je ne vois que ça, de la nourriture, des calories, des corps maigres et des conseils régime. Cela m'inquiète profondément pour notre société. Les TCA sont de plus en plus glamourisés sur les réseaux sociaux. Beaucoup s'auto diagnostiquent, donnent leurs propres conseils ou ont tendance à s'inventer des TCA pensant que c'est un effet de mode. Il y a des comptes, les "pro-ana" qui véhiculent le fait qu'avoir le poids le plus bas est la meilleure des choses à faire. On trouve sur ces comptes les "10 commandements de l'anorexie". Comment des gens peuvent-ils inciter les autres à tomber dans ce cercle vicieux tellement douloureux ? Jamais je ne souhaiterais à quiconque de tomber dans cet enfer. Quand on connaît la douleur que cela représente et la difficulté à s'en sortir, personne ne peut vouloir tomber là-dedans. Certains glamourisent en fait la plus mortelle des maladies mentales. Un malade sur dix meurt de dénutrition ou de suicide. Ce chiffre est énorme et effrayant. Avoir des TCA ça n'est pas sauter un repas ou ne pas avoir faim un matin, comme certains le pensent. Cela n'est pas rare de recevoir des remarques comme "oh, moi aussi, je n'avais pas faim ce soir, je dois être anorexique", "parfois cela m'arrive de sauter le déjeuner parce que je n'ai pas le temps", "j'ai mangé un paquet de cookies, je dois être boulimique". Avoir des TCA, c'est ne plus rien avoir dans sa vie que la nourriture, les chiffres, les calories, la peur, les angoisses. C'est s'affamer au point d'en avoir un voile devant les yeux, le corps qui lâche, puis manger jusqu'à ne plus pouvoir se mettre debout, avoir des hallucinations, dépenser des centaines d'euros dans la nourriture. C'est pouvoir pleurer des heures après avoir mangé une cuillère de riz. C'est se voir grosse, alors qu'on est maigre ou dans la norme. »

11 décembre 2021

« Aujourd'hui, je suis en colère contre la société. En colère de tous ces préjugés sur cette maladie. Je ne compte plus les remarques que je reçois à propos de cela "au moins tu as le choix dans les magasins", "il suffit de mieux manger, plus ou moins", "c'est un caprice de riche". Ce dernier point, je pense que c'est une sorte de rumeurs qui passe d'oreille à oreille sans que les personnes se rendent compte de l'impact de leurs mots. Non, les troubles du comportement alimentaire ne sont pas un simple caprice de riche, non, il ne suffit pas simplement de plus ou de moins manger. Sincèrement, cela est infiniment plus compliqué que simplement de plus ou moins manger. Certaines personnes m'ont déjà dit "mais c'est simple, tu prends ta fourchette et tu mets l'aliment dans ta bouche". Non, cette maladie est avant tout une maladie mentale. La nourriture n'est que la partie visible de l'iceberg, ça n'est pas le problème initial, mais ça le devient, car notre santé physique est en danger et qu'il faut traiter cela avant tout pour préserver la vie.

Docteur M, m'a toujours dit qu'avant de traiter l'aspect psychologique de la raison pourquoi s'est déclenché ce trouble, il fallait traiter l'état de dénutrition, car sans cela, notre cerveau n'est pas en capacité de réfléchir. Pour reprendre l'exemple de Monsieur S, on peut de nouveau arroser la plante, mais il restera des pucerons. Pensez-vous que si la solution, c'était de plus ou moins manger, certains arriveraient à une chronicité de la maladie, à ce niveau de désespoir sans retour ou même jusqu'à la mort ? Les TCA sont bien plus complexes que cela, car ils sont l'expression de problèmes sous-jacents bien plus profonds que l'on n'arrive pas à exprimer. Tant que cela sera le chaos dans notre tête et dans notre vie, que nous n'aurons pas pris de décision radicale pour changer, que nous n'aurons pas coupé les ponts avec certaines personnes, que nous n'aurons pas décidé de nous battre face à nos tempêtes, que nous ne serons pas prêts à absolument tout remettre en question, de notre éducation à nos choix, la guérison ne sera pas accessible. C'est terriblement dur à admettre, mais les efforts doivent venir de nous alors que nous n'avons rien demandé, nous n'avons jamais demandé de tomber malades, de partir à la guerre plusieurs fois par jour. Alors ces remarques qui ne mènent qu'à culpabiliser les personnes atteintes de ces maladies sont réellement à remettre en question. Si nous avions eu la possibilité de ne pas être malades, hospitalisées, suivies régulièrement, sondées, je vous assure que nous l'aurions fait et que nous aurions profité de la vie comme il se doit. »

Cette année, j'ai fêté le 25 au soir chez ma Maman. Les fêtes sont un moment compliquées quand nous sommes malades, car elles sont source de stress. Marie était censée passer le 24 au soir chez ma Maman et moi, le 25 au soir et elle n'était pas censée être présente. Nous avons donc commencé le dîner avec ma Maman, James et Théo. Mes portions étaient calculées et je ne suis pas vraiment sortie de mon protocole alimentaire donc le repas n'était pas nécessairement plus angoissant que d'habitude. Vers les coups de 22 h, Marie est rentrée à la maison alors que cela n'était pas prévu. À la seconde où elle a franchi la porte, une colère noire est montée en moi et nous nous sommes hurlées dessus. En pleurs, j'ai donc décidé de rentrer à la clinique, car je ne me sentais pas en sécurité de dormir ici, sachant que nos chambres sont attenantes. J'ai donc pris le taxi pour rentrer en pleine nuit, triste que ma Maman n'ait pas plus pris ma défense. Je trouvais cela injuste, car elle a pu fêter Noël seule avec ma Maman et pas moi. À cette époque, Marie et moi ne pouvions pas être dans la même pièce sans que cela ne dégénère, il n'y avait plus aucune communication possible.

À cette époque, j'avais tellement peur d'atteindre mon poids cible, de retrouver mes règles, car j'avais peur que les soignants m'abandonnent, ne s'occupent plus de moi. Je n'étais plus en état critique sur le plan morphologique, alors pourquoi s'inquiéter ? Je pensais qu'on me considérait guérie après avoir repris du poids, qu'on me ferait sortir de la clinique dès ce moment-là. D'autres personnes avaient besoin de se faire hospitaliser pour sauver leur vie, ils étaient en danger de mort, moi, je ne l'étais plus. Cela ne s'est pas du tout passé comme cela. En janvier, j'avais terminé de reprendre du poids et pourtant les soignants ne m'ont pas abandonnée, ne m'ont pas mis à la porte. Je suis restée encore 5 longs mois à la clinique après ma reprise de poids, car la maladie était encore présente. Cela souligne bien le fait que l'anorexie n'est pas une question de poids. Même à poids normal, on me prenait encore au sérieux quand j'exprimais mes difficultés. On me prenait au sérieux quand je disais que c'était toujours un véritable enfer dans ma tête. Il faut distinguer la guérison physique qui n'est pas la même que la guérison mentale, qui elle prend beaucoup plus de temps.

J'ai enlevé ma sonde le 30 décembre, car les infirmières n'arrivaient pas à me la reposer. L'enlever a été assez difficile, car c'était mon moyen de montrer aux autres que j'étais malade. Maintenant, à poids normal, sans sonde, je ne paraissais plus malade et c'était très dur à accepter. Je pense que la sonde a été ma meilleure ennemie, comme le disait Docteur G dans le sens où elle m'aidait à exister sans les symptômes tout en me montrant malade aux yeux de tous.

Mon corps, un objet

Le corps est le tombeau de l'âme.

Platon

Courant janvier, j'ai débuté les séquentiels à la clinique. J'étais une semaine sur deux chez mon père. Cela a été une vraie catastrophe. Il me restait énormément de tocs de la maladie que nous n'avions pas traités ou pas réussi à traiter. Je mangeais toujours extrêmement lentement en prenant soin de tout découper en morceaux ridicules. Je ne pouvais pas mélanger les aliments, j'étais obligée de toujours manger dans le même ordre et cela m'angoissait énormément de faire autrement. Il me fallait des fruits et des légumes qui n'aient pas touché de matières grasses à chaque repas. Je trouvais même que certains fruits et légumes étaient trop caloriques et j'en avais donc peur. J'avais toujours la volonté que mon père et ma belle-mère mangent plus que moi pour me rassurer. J'essayais de me restreindre, mais je faisais des crises sur tout et n'importe quoi, notamment du sucré. Tous les matins, je prenais mon petit-déjeuner habituel puis je ne m'arrêtais pas de manger. Je mangeais toutes les choses que je m'interdisais au quotidien. Je compensais tout cela avec une importante prise de laxatifs, ce qui n'a absolument pas fonctionné et qui a totalement anéanti mon système digestif. Je voulais à tout prix perdre les trois kilos que j'avais repris en plus par rapport à mon poids cible. Ma morphologie n'est pas celle d'une femme filiforme si je mange normalement et ça, j'avais énormément de mal à l'intégrer. Sans TCA, avec un corps sain, mon IMC n'est pas de 19, mais plutôt de 21 ou 22, et cela me fait mal. Alors, oui, je peux forcer mon corps à rester à un IMC qui est convenable pour la maladie, mais je le détruis. Je pense que je trouve même ça injuste, car pour ressembler au corps que je rêverai d'avoir, certains n'ont pas à se restreindre et l'ont naturellement. À la naissance, personne ne choisit si on sera grand, petit, avec ou sans formes, avec les cheveux blonds ou roux. Ce problème de vision déformée de son corps s'appelle la dysmorphophobie. Je ne me vois absolument pas comme je le suis. Je suis incapable de trouver quelqu'un qui me ressemble physiquement. J'ai tendance à surévaluer mon corps et à me trouver toujours bien plus grosse que je ne le suis. Toutefois, je ne trouve absolument pas les rondeurs moches sur les autres, au contraire, je suis partisane du fait que tous les corps sont uniques dans leur beauté et que la diversité corporelle est magnifique. Au fond, je trouve cela totalement débile qu'il existe des critères de beauté qui disent qu'avoir un écart entre les cuisses ou un ventre plat est plus joli que d'avoir sa morphologie sans se soucier de tout cela. Néanmoins, j'admire profondément les personnes qui arrivent à intégrer cela et à être amies avec leur corps. C'est un concept que je ne connais pas, que je ne connais plus. J'avais aussi beaucoup de mal à recevoir des réflexions positives des autres. Je prenais toujours tout négativement. Lorsqu'on me disait « tu as bonne mine », « tu es bien plus belle comme cela », c'était terrible, je le vivais vraiment mal, car pour moi, cela rimait comme « tu as grossi », « tu n'es plus malade » alors que dans ma tête, c'était toujours aussi horrible même si mon corps allait mieux. Dans l'anorexie, certes, il est parfois nécessaire de reprendre du poids, mais ce n'est pas toujours le cas, et le poids ne peut absolument pas être utilisé comme unique critère de guérison. Je me souviens, lors de ma première permission chez mon père, le Docteur G avait pris grand soin de lui envoyer un mail pour que surtout personne ne fasse de remarque, car cela pourrait m'impacter négativement même si elles étaient positives. À la clinique, personne ne parle de comment l'autre à l'air d'aller, car nous savons très bien qu'il peut y avoir un grand écart entre ce qu'on laisse percevoir et ce que l'on masque.

J'ai fait énormément de bénévolat à cette époque et cela m'a fait beaucoup de bien. Je pouvais enfin penser à autre chose et c'était surtout extrêmement gratifiant de voir les sourires des personnes démunies lorsqu'on leur apporte une once de bonheur dans leur vie.

Au mois d'avril, nous avons appris que mon grand-père avait une leucémie. C'était très dur de le voir autant affaibli. J'aime énormément mon grand-père, car c'est une personne qui a le cœur sur la main et sur qui je sais que je peux compter. J'ai énormément de souvenirs des vacances que je passais avec lui lorsque j'étais petite. Il a été d'une force incroyable. Il s'est battu et s'est relevé. C'est un véritable modèle pour moi de voir qu'en se battant on peut arriver à ses objectifs.

Les prochaines pages vont être difficiles à lire, je me suis exprimée sur mon agression sexuelle le plus proche possible de la réalité. Ces pages ne sont pas cruciales dans mon livre, vous pouvez passer les pages et continuer votre lecture.

Le lundi 11 avril 2022, je me rendais à une mission d'hôtesse d'accueil dans le 15e arrondissement de Paris. Je suis descendue à un arrêt de bus à une dizaine de minutes de mon lieu de mission. Je venais de déjeuner avec Bérénice à Beaugrenelle. Nous avions passé un bon moment toutes les deux. Avant de quitter le restaurant, je me suis habillée avec la tenue fournie par mon agence d'hôtesse. J'avais une jupe tailleur noir qui n'arrêtait pas de remonter, car elle taillait assez petit, un t-shirt et une veste noirs. Il était à peu près 14 heures lorsque je suis sortie du bus et je devais être sur mon lieu de travail à 14 h 30. Je suis toujours très en avance, j'avais pris de la marge ce jour-là, de la marge pour qu'on abuse de moi. Je marchais vers mon lieu de mission et j'ai emprunté la rue de Vaugirard au lieu du boulevard de Vaugirard. J'ai tourné dans une petite rue puis dans une autre et je me suis retrouvée perdue. J'ai pris mon téléphone pour me rediriger vers là où je devais aller. Il me fallait continuer au bout de cette rue qui était peu fréquentée. En avançant un peu, j'ai croisé un homme qui était adossé contre un mur sur ma gauche. Il était en train de se masturber en pleine rue, il me fixait. Je n'ai encore à l'heure actuelle aucune idée de pourquoi je n'ai pas rebroussé chemin, pourquoi je n'ai pas changé de trottoir. J'ai avancé, pensant que c'était juste un homme un peu éméché et qu'il ne s'en prendrait pas à moi. En passant devant lui, il m'a attrapé avec sa main gauche et il m'a tiré vers lui. Il m'a mise contre le mur. J'étais terrorisée, tout à coup, je me suis vue de l'extérieur. Je me voyais comme dans un film, un film que je n'avais absolument pas envie de regarder. Il a baissé ma jupe et mes collants et il a commencé à me toucher la poitrine en passant une main sous mon t-shirt, puis il a essayé de me pénétrer avec ses doigts, mais quelque chose bloquait, alors il forçait. Je ressentais une douleur vive, lancinante. Je n'ai rien dit pendant tout ce temps qui m'a paru comme une éternité. J'étais tétanisée, mon cerveau hurlait « non, laisse-moi tranquille », mais rien ne pouvait sortir de ma bouche. Il a ensuite essayé de m'embrasser. À ce moment-là, j'ai réuni le peu de force que j'avais encore en moi pour le pousser en arrière. Il titubait, je savais qu'il avait bu, car il dégageait de fortes vapeurs d'alcool. Pendant qu'il essayait de se remettre sur ses jambes, j'ai remonté mes collants et remis ma jupe et je suis partie en courant. J'avais la tête qui tournait, je voyais flou avec les larmes qui me montaient, mais je n'ai pas arrêté de courir jusqu'au bout de la rue, un boulevard avec plein de monde. J'avais une sensation ambivalente en retrouvant des gens, d'une part, je n'étais plus seule avec ce connard et d'une autre, n'importe qui pouvait recommencer. Le premier sentiment qui est apparu est le sentiment de honte. Je m'en voulais tellement, pourquoi est-ce que je n'avais pas dit non ? Mais au fond, est-ce que cela aurait changé quelque chose s'il avait eu ou non mon consentement ? Je pense que pour ma conscience cela aurait changé bien des choses, mais malheureusement rien de ce qui s'était produit. On nous a toujours appris que quand on dit non à un homme, c'est non. Mais on ne nous a pas assez appris que quand on ne dit rien, c'est également non. Ensuite, je me suis sentie sale. Sale comme si mon corps était une poubelle, une chose, un objet. J'avais l'impression que cet homme avait fait de moi un déchet. En marchant, j'ai essayé de me souvenir de son visage, mais rien ne me revenait. Je ne savais plus à quoi mon agresseur ressemblait. Les médecins poseront plus tard les termes de dissociation et d'amnésie post-traumatique. J'ai décidé à ce moment-là de ne rien dire, de me terrer dans le silence. Je suis partie travailler comme si de rien était, comme si j'essayais de ne pas faire exister ce que je venais de subir. J'avais tellement honte de devoir avouer tout cela à qui que ce soit, en plus on me trouverait débile d'avoir oublié son visage. À ce moment-là, je ne me considérais absolument pas comme une victime, c'était de ma faute, je n'avais qu'à le repousser, hurler, me débattre. Au lieu de tout cela, je suis restée muette, impassible, alors que mon corps venait une nouvelle fois de mourir. Alors ça resterait mon secret, personne ne serait au courant si je n'en parlais pas. Je continue alors ma vie, rentre chez moi le soir et m'effondre en larmes. Sur le chemin du retour, je suis passée à la pharmacie acheter des médicaments, juste au cas où. Cela me rassurait de savoir que je pouvais tout arrêter. Je me souviens que nous mangions des lasagnes aux légumes ce soir-là. J'ai fait passer ma crise de larmes sur l'alimentation. À l'époque, les repas étaient une vraie épreuve et je passais souvent mes repas en pleurs, mais je pense ne jamais avoir autant pleuré de toute ma vie que ce soir-là. Je ne pouvais plus m'arrêter. Après le dîner, j'ai pris une douche brûlante d'une heure. J'essayais de me nettoyer de toute la souillure que cet homme m'avait faite, je voulais redevenir propre, effacer tout ce qu'il s'était passé. Après m'être lavé le corps une dizaine de fois, je me suis rendue à l'évidence que l'eau et le savon ne pourront malheureusement rien y faire, que le sentiment de ses mains sur ma peau et de son souffle empli d'alcool resteront en moi pour toujours. J'ai donc pris ma lame et j'ai voulu rendre visible la blessure intérieure que j'avais en moi. Voir le sang couler me permettait de me dire que ce qui s'était passé était réel, que cela avait existé même si j'en avais oublié une partie. Je me moquais bien de s'il allait rester des traces indélébiles à vie sur mes bras. En réalité, c'était ce que je cherchais, les blessés physiques ont parfois des cicatrices de leurs accidents, je voulais garder une cicatrice de mon agression, de mon mal-être mental. Cette nuit-là, je refaisais le cauchemar de mon agression avec les visages de mes proches et me réveillais en pleurs et en crise d'angoisse à chaque fois. Ce cauchemar, je le fais encore de temps en temps à l'heure actuel, mais j'ai appris à le désamorcer et à ne plus y porter autant d'attention.

14 avril 2023

« Cela fait des nuits que je lutte contre cette idée de prendre les médicaments, mais aujourd'hui je me sens vraiment seule face à moi-même. Seule face à la vie, la vie me fait trop de mal. Je ne veux pas passer mon temps à lutter contre moi-même. Je n'en peux plus. Je suis épuisée. Je ne peux pas porter un secret si lourd avec moi. Je prenais vraiment la clinique comme une opportunité de tout recommencer, d'aller vers le mieux, mais aujourd'hui je souffre trop. Salomé, Théo et Marie pardon de vous avoir montré cette face de moi et d'avoir délaissé mon rôle de grande sœur. J'aurais dû être toujours présente pour vous et peut-être prendre moins de place dans les préoccupations familiales. »

Le lendemain, le vendredi 15 avril, j'ai eu un rendez-vous avec mon médecin, le Docteur M. Ce rendez-vous a été très dur pour moi, car mon médecin me disait que ma posture face aux symptômes n'allait pas et que je me complaisais dans la maladie, que c'était un choix de me tourner vers la restriction ce qui induisait mes compulsions. Ce sujet de posture a été énormément discuté. En réalité, j'utilisais ma maladie pour me détruire et les médecins étaient assez impuissants face à cela, mais il m'était impensable de l'avouer. Nous avons également énormément discuté de la fonction identitaire qu'avait pour moi l'anorexie. J'y ai trouvé des fonctions de protection, d'alerte vis à vis de mes proches, de communication et d'autres encore. Je me sentais terriblement incomprise et surtout terriblement seule. Je ne voyais pas comment on pouvait penser que je voulais rester malade avec toutes ces pensées qui me bouffent la vie. Je ne lui ai pas parlé de ce qui s'était passé quelques jours auparavant. Ce jour-là, je ne croyais plus en le fait qu'un jour les choses iraient mieux, je n'avais après tout peut-être pas tellement envie de faire les efforts pour changer. Peut-être que je ne suis pas assez forte par rapport à ceux qui s'en sortent. Peut-être que je fais partie des 10 % qui va mourir des TCA. Le soleil était trop absent de ma vie ces temps-ci. Je n'en pouvais plus de survivre, je n'en pouvais plus de tout porter seule sur mes épaules. J'ai alors pris un certain nombre de médicaments. Je tremblais, j'étais totalement déconnectée de moi-même, je ne savais plus où j'en étais, ce que je voulais et ce que l'avenir me réservait. Je ne voulais pas imaginer qu'il y aurait un lendemain, un nouveau jour de souffrance, de tristesse et de détresse. Quelques minutes, après avoir pris les médicaments, j'ai vomi, de façon naturelle, sans le provoquer. Encore une fois, mon corps défiait, mon esprit. Mon corps voulait vivre et se débattait pour cela plus fort que tout. Je pense que j'avais ce jour-là ma bonne étoile au-dessus de ma tête, celle qui m'obligeait à continuer. Je suis ensuite partie comme si de rien était à mon cours de sport. C'est seulement sur le chemin du retour, dans les transports en commun que je me suis rendu compte de ce qu'il s'était passé. Je me suis alors mise à pleurer des torrents. Je ne tenais plus sur mes jambes, je n'entendais rien de ce qui se passait autour de moi, j'étais allongée au sol et je voyais uniquement les spots de lumières du métro parisien au-dessus de ma tête. L'angoisse avait pris toute possession de mon corps. Quelques minutes, plus tard, j'ai été prise en charge par les pompiers. Je n'arrivais pas à aligner deux mots, je ne pouvais que pleurer. Je suis malheureusement tombé sur des pompiers pas du tout formés sur la détresse mentale. J'ai eu le droit à des paroles telles que « ah, mais mademoiselle, avec X grammes de paracétamol vous n'auriez pas pu vous tuer » ou encore « si on vous racontez tous nos petits problèmes, vous vous rendrez compte qu'il y a bien plus grave que vous ». Ces paroles ne m'ont aucunement aidée, cela m'a juste laissée penser que ce que je vivais n'était pas si grave et qu'encore une fois, j'avais échoué à m'ôter la vie. J'ai ensuite été transférée en salle de déchocage aux urgences de l'hôpital Saint-Antoine, les pompiers avaient appelé mon père qui attendait dans la salle d'à côté. On m'a fait passer une perfusion pour limiter les effets des médicaments, s'ils avaient été absorbés et que je n'avais pas tout vomi. Une bonne heure, plus tard, mes résultats étaient négatifs, je n'étais pas en danger vital physiquement. J'ai vu un psychiatre à qui je n'ai parlé que de mes crises de boulimie et de mon rendez-vous avec mon psychiatre. Je lui ai demandé d'être rapatriée à Garches, mais cela n'était pas possible sans l'accord d'un médecin de là-bas. Or, il n'y en avait pas, car il était 2 heures du matin. J'ai alors demandé à rester dormir aux urgences. Mon père m'a rejoint en salle de déchocage et je lui ai seulement parlé de ce que j'avais dit au psychiatre des urgences. Je ne voulais en aucun cas parler de mon agression. J'en avais honte. Cela resterait mon secret. Après avoir passé quelques minutes dans la salle des urgences où j'étais censée dormir, mon père m'a proposé de rentrer à la maison. En effet, les gens pleuraient, hurlaient, répétaient des mots en boucle, les machines bipaient, il était impossible de dormir. J'ai donc accepté de rentrer en ayant conscience que j'aurai de nouveau envie de passer à l'acte toute seule dans ma chambre, mais de toute manière, je n'avais plus de médicaments. À l'époque, c'est mon père qui gérait mes médicaments, je ne les avaient qu'au jour le jour, mais je pense que je serai allée plus loin cette nuit-là si j'avais eu autre chose.

Le lendemain matin, j'ai croisé ma belle-mère qui m'a dit qu'elle était très en colère. Je peux comprendre sa réaction, c'est très dur lorsqu'un proche tente d'en finir, j'avais déjà été confronté quelques fois à cela. Toutefois, ces mots ont été très durs à un moment où j'avais plus besoin de réconfort, d'écoute que de remontrances. J'avais déjà honte de mon acte, il était inutile de me rendre honteuse d'en assumer par-derrière les conséquences. Dans la matinée, j'ai reçu l'autorisation des médecins de Garches pour y être de nouveau hospitalisée. Mon père était parti au travail tôt le matin. J'ai fait une partie du chemin avec Charlotte, car elle avait un rendez-vous sur Paris. Au début, nous marchions dans le silence. Puis je me suis effondrée en larmes. Je ne pouvais plus vivre avec ce poids sur mes épaules, alors je lui ai tout raconté. Elle m'a prise dans les bras et elle ne m'a pas lâché jusqu'à la clinique. Les idées suicidaires étaient encore à leur paroxysme et j'avais comme idée cette fois-ci de me jeter sur les rails, mais sa présence a rendu cela impossible, heureusement. Nous ne parlions pas, je sanglotais dans ses bras pendant tout le voyage.

Arrivée à Garches j'ai tout raconté au psychiatre de garde. Puis j'ai appelé mes parents pour leur raconter. Mon père était très en colère, pas en colère contre moi, mais en colère contre l'homme qui m'avait agressé. Il a mieux compris les urgences, les torrents de larmes que j'avais versé ces derniers jours. Mon père n'avait pas averti ma mère de ma tentative, alors elle est totalement tombée sous le choc et est venue me rejoindre tout de suite après. Elle m'a directement conduit au commissariat du 15e arrondissement où j'ai déposé plainte contre X. Je n'avais absolument pas réfléchi à déposer plainte. Cette agression était trop floue, j'avais oublié le visage de cet homme et je n'avais pas le nom de la rue dans laquelle c'était arrivé. J'ai donc déposé ma plainte et je suis rentrée à la clinique. J'étais épuisée d'avoir raconté cette histoire en boucle toute la journée à plein d'interlocuteurs différents avec toutes leurs questions. Les jours qui ont suivi, j'ai reçu plusieurs appels me demandant si mon agresseur était grand, petit, d'origine chinoise, espagnole ou arabe. Je ne savais pas répondre à ces questions, car je ne me souvenais pas de son visage ou de son apparence. À chaque appel, je me remémorais ce traumatisme et je passais des heures à pleurer, car je me sentais débile de ne plus pouvoir identifier mon agresseur. J'ai donc quelques jours plus tard retiré ma plainte en me disant que j'avais ensuite dix ans pour déposer plainte. J'étais trop faible et j'avais trop de différents sujets à traiter à ce moment-là.

Par la suite, je suis restée à la clinique pendant un mois, j'ai arrêté les séquentiels et j'ai pris le temps d'apaiser tout cela.

Tourner la page

Les départs donnent souvent l'illusion d'une renaissance.

Jacques Languirand

Je suis sortie définitivement de la clinique le mardi 17 mai 2022, soit neuf mois jour pour jour après mon admission. J'ai dû faire mes adieux à Docteur G, car je n'ai par la suite pas continué le chemin de la guérison avec elle. C'était assez difficile pour moi d'arrêter le suivi avec elle, car elle m'avait suivi quotidiennement pendant neuf mois et je considère qu'elle m'a en grande partie aidé à sauver ma vie, à réfléchir sur tout plein de sujets. J'aimais énormément son côté très terre-à-terre, elle me poussait toujours en dehors de ma zone de confort, me faisait tout le temps remettre en question mes idées et mes principes. J'ai énormément appris sur moi avec elle durant toute mon hospitalisation.

J'avais notamment appris à m'affirmer haut et fort. Lorsque je parlais trop bas, elle me comparait à son neveu de quatre ans qui chuchotait et me rappelait que j'avais 19 ans. J'ai appris à ne plus me laisser écraser par quiconque.

La semaine suivant ma sortie, j'avais un rendez-vous avec le Docteur M et lors d'une discussion avec lui sur le fait que je n'assumais absolument pas mon poids, il m'a demandé quel poids je voudrais faire. Je lui ai donné un poids qui était dans la dénutrition. Je pense que j'ai compris ce que je voulais entendre. Pour moi, cela voulait dire que je pouvais faire un régime jusqu'à avoir perdu ces

8 kilos. Pour moi, le fait d'être au-dessus de ce poids signifiait que j'étais en surpoids.

Lors de ma sortie, j'ai eu énormément de mal à resocialiser avec des personnes en dehors de la clinique. Pendant mon hospitalisation, je pense que j'ai grandi plus vite que les gens de mon âge. Mes 9 mois à la clinique m'ont fait réfléchir en profondeur à qui j'étais, quelles étaient mes valeurs, mes choix et qui je voulais devenir. Déjà avant la clinique, je ressentais parfois un décalage avec la vie des jeunes de mon âge. En sortant, c'était pire. C'était comme si je ne m'intéressais pas aux mêmes choses, je n'avais pas les mêmes intérêts, pas les mêmes envies, j'avais l'impression d'avoir sauté un wagon et de me retrouver à nouveau propulsée dans la vraie vie. Au début, c'était très difficile, je ne voyais personne, car je ressentais ce décalage, mais aussi parce que j'avais honte. J'avais honte de ma reprise de poids, des remarques que je pourrais avoir, des changements qui avaient eu lieu ces 9 derniers mois. J'avais peur qu'on m'aime moins, qu'on ne s'intéresse plus à moi et qu'on m'abandonne. Je pensais qu'on me préférerait avec le masque de la maladie et qu'on rejetterait la vraie Amélia. J'avais peur que mes proches ne m'aiment plus, car ils étaient habitués à cette fille fragile et malade. Je ne voyais plus que les filles de la clinique. Je les considère comme des sœurs de guerre, nous nous sommes connues au pire et nous nous sommes vues évoluer sur le chemin de la guérison, chacune à notre rythme, mais toujours en nous tenant la main. Les premières semaines de ma sortie, je passais mes journées au lit lorsque je n'étais pas avec ces filles-là qui me faisaient du bien mais qui m'enfermaient dans le cercle de la maladie. Ma sortie a également été compliquée sur le plan alimentaire, car je n'acceptais absolument pas le fait que j'ai dépassé mon poids cible fixé avec mes psychiatres. J'avais toujours cette phobie de prendre ne serait-ce que 100 grammes, je continuais de me peser quotidiennement alors que j'étais censée le faire uniquement le jour de mon rendez-vous avec Docteur M. C'était très dur à cette époque, car je continuais de faire des compulsions alimentaires sur des aliments que je m'interdisais encore, notamment tout ce qui est sucré comme les gâteaux. J'avais aussi cette volonté décuplée à ma sortie d'avoir un corps d'enfant qui ne puisse pas plaire aux hommes et qui n'était pas attirant sexuellement. Je pense que cela était très lié à mon agression du mois d'avril, mais aussi à la volonté de retourner à une période que j'avais l'impression qu'on m'avait volée. Ne pas avoir mes règles rentrait un peu dans ce processus. Mon père et plus particulièrement ma belle-mère m'aidaient beaucoup lorsque je suis sortie. Ils essayaient de faire que la maladie ne s'exprime pas, ou du moins, le moins possible. Néanmoins, les repas étaient une torture, je n'avais pas décidé par moi-même de guérir, de me sortir de tout cela.

Je n'avais qu'une idée en tête, c'était de reperdre du poids. Je passais mon temps à leur mentir, à leur dire que je déjeunais avec des copines alors que c'était un prétexte pour ne pas manger. Je recommençais à perdre, et comme leur balance est connectée, ce qui veut dire que mon père et Charlotte pouvaient avoir accès à mon poids, j'ai acheté une balance personnelle. Je me pesais sur ma balance puis je montais sur leur balance avec des packs d'eau pour mentir sur mon poids et qu'on ne restreigne pas mes libertés d'aller et venir comme je le souhaitais. Je repoussais toujours ma guérison au lendemain : « ah non, là, je commence un nouveau job d'animatrice, après l'été… » J'attendais d'être prête à franchir le pas, mais peut-on vraiment être prête à guérir ? Peut-on un jour se réveiller et réunir toute la force dont on a besoin pour se dire : « je commence à lutter vraiment à partir de maintenant ? » Si on attend ce jour, il n'arrivera jamais. La guérison est un processus qui doit entièrement venir de nous et on doit le vouloir plus fort que tout, le faire passer en priorité, avant ses études, ses amis, sa famille. La petite voix ne deviendra pas plus conciliante et douce, bien au contraire. Jamais elle ne nous dira un beau jour « c'est bon, je te laisse tranquille, j'ai fait mon temps, tu peux guérir maintenant, bonne route » parce que l'anorexie ne nous veut et ne nous voudra jamais de bien donc elle n'acceptera jamais la guérison et le fait d'aller mieux. C'est à moi de redoubler d'efforts, de choisir ce dessert qui me plaît au resto avec mes copines, de me faire à manger, de terminer mon assiette, de tester de nouvelles recettes, de commander ce qui me fait plaisir. C'est ma décision à moi, pas celle des médecins, de ma famille ou de mes amis. C'est uniquement moi, alors oui, je peux continuer à faire semblant, de remettre ma guérison à dans 6 mois. Mais suis-je persuadée que cela sera dans 6 mois ? Peut-être que dans 6 mois je me dirai que je guérirai dans 3 ans. Peut-être que cela sera dans 20 ans. Et si finalement, c'était jamais ? Cela veut-il dire que je serai alors condamnée à vivre avec cette maladie toute ma vie ? Je sais très bien que me lancer dans la guérison, la vraie guérison ne deviendra pas moins horrible et plus facile avec le temps, je n'aurai pas moins de peurs demain, je serai toujours terrorisée par l'idée de manger une pizza. Je n'aimerai pas plus mon corps, je ne me sentirai jamais assez prête et légitime à entamer pour de bon le processus de guérison. Alors, pourquoi pas se dire que ce jour-là, c'est aujourd'hui ? Pourquoi ne pas me dire que je débute ce jour, le premier jour du reste de ma vie ?

6 juin 2022

« Parce que cette petite fille ne méritait pas tout ce qui lui est arrivé. Elle rêvait de vivre une belle vie, une vie sans se soucier de tout cela. Elle ne méritait pas de connaître tout ce milieu médical, l'hospitalisation de presque un an. Elle rêvait de voyager, de partir à l'aventure, de grandir facilement. Jamais elle n'aurait pensé marcher des kilomètres en crevant la dalle, pleurer devant des fruits parce que c'était trop pour elle.

Petite, insouciante, elle voulait gagner sa vie en étant vendeuse de cœurs puis, plus tard, elle voulait prendre son indépendance le plus tôt possible, étudier à l'étranger. Elle voulait faire partie du plus d'associations possibles à la fac. Elle ne se serait pas doutée une seule seconde qu'elle passerait 9 mois à l'hôpital, enchaînant 12 rendez-vous chaque semaine. Elle n'aurait pas pensé qu'elle méritait de vivre uniquement à un certain poids et avec un certain nombre de calories dans le corps.

Si je pensais à elle, je me serais sans doute montrée moins dure envers moi-même. Je ne me serai jamais permis de la priver de quoi que ce soit. Je ne lui aurai pas fait marcher des randonnées entières sans qu'elle n'ait rien dans le ventre. Je ne lui aurai jamais dit qu'elle ne valait pas le coup. Je ne passerai pas mon temps à me critiquer et je chercherai les points qui la valoriseraient.

Alors prend ta revanche pour lui offrir ce dont elle a toujours rêvé, réalise ses rêves de gosse. Prends-lui la main et ne la lâche plus. Montre-lui que tu es bien plus forte que tout cela et que tu vas te battre sans baisser les bras. »

Certains pensent que cette maladie est de la manipulation ou de l'égocentrisme. D'autres pensent que l'on fait semblant d'être malade, car après tout, « c'est inné de manger », que c'est seulement une manière d'avoir uniquement de l'attention. Il n'en est rien de tout cela. Lorsque l'on ment, que l'on cache la vérité, c'est en réalité la maladie qui s'exprime, car elle ne veut pas être découverte, son unique volonté est de nous emmener toujours un peu plus proche de la mort. Soyez-en sûrs, je n'ai jamais aimé mentir à mes parents en leur disant que j'avais mangé ou que j'allais manger avec mes amis. Je n'ai jamais apprécié regarder des gâteaux en mourant d'envie d'en manger un sans le faire, de ne pas acheter de gâteaux par peur de tous les manger d'un coup. Je n'étais pas fière de me retrouver à marcher des heures en prétextant être allée dîner dehors pour échapper au repas. Pour vous dire, la maladie arrivait même parfois à me faire douter de moi-même. Je ne savais finalement plus ce que j'aimais faire ou manger. Je n'aime pas non plus me regarder dans le miroir et me détester au point de pleurer devant mon propre reflet. Et au fond, je sais que tout le monde s'en fout que je sois grande, petite, blonde ou brune, avec un IMC 28 ou un IMC 19. Tout ça, je le sais, mais mon mal-être va vers cela, car ça a longtemps été la seule chose que je pouvais changer et que je pouvais contrôler lorsque ma vie était vide, ça n'appartenait qu'à moi d'en faire ce que j'en voulais. On ne choisit pas de tomber dans les TCA, croyez-moi, si je pouvais changer une chose à ma vie miraculeusement, ce serait bien cela. Je n'ai jamais choisi de tomber malade, peut-être que d'une certaine manière je ne mets pas assez de choses en place pour inverser la tendance et aller mieux, peut-être que je ne le veux pas assez fort, peut-être que c'est un moyen de m'autodétruire et de ne pas me sentir abandonnée, mais je ne l'ai pas souhaité de base, je ne voulais pas me retrouver, par ma propre décision, hospitalisée, épuisée, auto-torturée. Tomber dans les TCA était un passage que je pense extrêmement nocif, mais également instructif sur beaucoup de plans, mais jamais, au grand jamais, je n'aurais souhaité passer par là pour mûrir de cette manière.

La rechute

La bouche sourit mal quand les yeux sont en pleurs.

Evariste de Pargny

12 juin 2022

« Je ne me suis jamais sentie aussi seule. Depuis ma sortie de la clinique, je fais mine que tout va bien. En sortant, ça n'était pas faux, le moral était bon et je pensais enfin revivre. Mais aujourd'hui, il faut que j'arrête de me mentir à moi-même. Ça ne va pas du tout. Les troubles alimentaires sont aussi forts que l'année passée avant de rentrer à la clinique. Voire même pire, car j'alterne entre de la restriction extrême et des crises ou des compulsions. La nourriture m'omnubile, je ne pense qu'à ça. Dès le réveil nocturne, vers 4 heures, car je me prive de sommeil, je me prive de toute chose qui puisse me faire aller bien, car je ne pense par le mériter. Puis, je ne pense qu'à me peser et à me jeter sur la nourriture pour combler le vide en moi. Ce vide me torture, me donne le mal de mer. Au fond, combler ce vide par de la nourriture, ça ne fonctionne pas et ça ne comble rien du tout. Je me sens tellement impuissante face à moi-même, prisonnière de mes démons. Je n'ai qu'une envie, que tout cela cesse. Je ne vais pas mentir, les idées noires sont au beau fixe et je ne cesse d'y penser. Je ne vois pas d'autres solutions pour mettre fin à mes maux. Je souffre tellement, mais je ne sais même pas exprimer ce qui me fait mal. En effet, j'ai tout pour moi. Une famille soutenante, ou du moins une partie de ma famille, des amies en or, je vis dans de bonnes conditions… Sur le papier, tout est là pour que je puisse être heureuse. Mais malgré tout cela, ça ne va pas et ça me brise le cœur. Je suis en train de penser à une potentielle nouvelle hospitalisation alors que ça ne fait même pas un mois que je suis dehors. Personne ne va comprendre, car tout le monde pense que tout va bien. Penser à une nouvelle hospitalisation, pourquoi pas, mais la vie c'est pas entre 4 murs blancs dans un lit d'hôpital, la vie c'est pas de se priver puis de manger jusqu'à avoir envie de vomir, la vie c'est pas d'être dans la douche avec deux doigts au fond de la gorge pour essayer en vain de vomir, à cause de cette putain de peur et de culpabilité, la vie c'est pas d'angoisser à chaque repas qui sort un peu de ma safe zone, la vie c'est pas de prendre des laxatifs après chaque prise alimentaire problématique.

Je suis réellement angoissée de mon avenir. Comment je vais tenir toute ma vie comme ça ? Je ne veux pas de cette putain de vie, je ne la souhaiterai même pas à ma pire ennemie. La vie me heurte de plein fouet, me blesse, me bouscule. Je pars de ce soir à jeudi avec Jeanne à La Rochelle. J'espère tellement que cela va me faire du bien et me faire penser à autre chose. Si ce n'est pas le cas, je pense sincèrement à passer à l'acte en revenant parce que je n'en peux plus. Je suis épuisée de vivre avec ce fardeau putain. J'ai envie de hurler, mais je ne le ferai pas. J'ai envie de tout casser, mais je resterai à ma place de petite fille sage. Vraiment, la vie est injuste et j'en veux tellement à mes parents de m'avoir conçue. J'ai l'impression d'en être prisonnière, que rien ni personne ne pourra me sauver de cette vie imposée. Comment les gens font pour être heureux ? Je me pose sincèrement la question. La vie, c'est ennuyant, tout est faux, car tout est éphémère. »

5 juillet 2022

« J'ai rendu les armes. Je n'en suis pas fière, mais c'est la réalité et c'est déjà un pas en avant de le reconnaître. Cela fait plusieurs semaines que je n'en peux plus de me battre au quotidien, que je n'en peux plus de faire émotionnellement les montagnes russes. Ce combat est trop rude, bien plus long et difficile que je ne l'avais imaginé.

Forcément, au moindre écart, les troubles ressurgissent comme en 40 et c'est dur de se dire qu'il n'y a pas de pause, pas de répit, que la maladie s'engouffre dans la moindre faille qui puisse exister. Les pas en avant sont des montagnes à déplacer et les pas en arrière d'une trop grande simplicité. Rester dans la maladie est en fait plus simple que de s'en sortir, car je n'avais pas à me battre continuellement contre moi-même et je me laissais aller à la simplicité de la maladie.

Alors en ce moment, je prends les jours et les difficultés les uns après les autres en essayant de me soucier le moins possible du lendemain. »

Début juillet, je suis partie en colonie de vacances pendant deux semaines en tant qu'animatrice pour valider ma deuxième étape du BAFA. Cela me terrorisait, car j'avais peur de ne pas trouver ma place, de ne pas être respectée et surtout de ne pas avoir la force, car jusqu'au jour J, je passais mes journées dans mon lit, à ne pas avoir la force de sortir et à pleurer à chaque repas. C'était un réel défi pour moi de devenir animatrice alors que je suis d'habitude quelqu'un de très réservée et timide. Avec le recul, je suis très fière de l'avoir fait et de m'être prouvée que j'en étais capable. Là-bas, j'ai énormément replongé niveau anorexie, je ne faisais plus aucun effort lors des repas avec les enfants. Lors de la deuxième colonie, je me suis pesée à l'infirmerie et j'ai vu que j'étais descendue en dessous de mon poids cible maximal. À ce moment-là, prise par la panique, j'ai commencé à prendre les CNO que j'avais emportés pour ne pas descendre encore. J'étais partagée entre la joie, la terreur et la tristesse. Je me suis alors rendu compte que la maladie avait récupéré des soldats et que j'étais de plus en plus faible pour lutter. De plus, après deux semaines à me coucher à pas d'heure et à me réveiller aux aurores sans manger grand-chose, j'étais épuisée. Je devenais de plus en plus irritable avec les enfants qui chahutaient lorsque nous imposions le calme, qui se battaient et qui écartaient le cadre et les règles de la colonie. Si ma première colonie s'était passée dans l'apaisement, le respect des enfants et des animateurs, l'écoute, et la communication, la deuxième colonie était un peu aux antipodes de cela. Les enfants venaient principalement de centres d'accueil ou de familles d'accueil. Certains nous prenaient comme confidents et nous racontaient un peu leurs histoires. Beaucoup étaient violentés dans leurs familles biologiques, avaient des parents dépendants à diverses substances et les enfants, eux, avaient grandi dans ce climat d'insécurité. Ils avaient ainsi besoin d'une attention renforcée, de tester les limites et en venaient souvent aux mains ou aux insultes, car ils n'avaient connu que cela dans leur vie. Nous devions parfois contenir certains d'entre eux pour ne pas qu'ils deviennent violents avec les autres. Quelques jours avant la fin de la colonie, la fatigue augmentait pour les animateurs et les enfants. Ceux-ci étaient également de plus en plus paniqués à l'idée de rentrer chez eux et repoussaient donc un peu plus les limites. J'étais épuisée, mais pour une fois, j'étais fière de moi d'avoir tenu, de ne pas être rentrée avant la fin du séjour. Mon père dirait « oui, c'est une réussite, une réussite, mais à quel prix ? Avec quelle douleur tu as réussi ? » Lorsqu'il m'a dit cela, j'étais extrêmement triste, car certes, j'avais réussi dans la difficulté et sans prioriser ma santé, mais c'était tout de même une victoire pour moi, pour la petite fille harcelée et sans voix que j'étais de devenir animatrice et de pouvoir gérer un groupe d'enfants et d'adolescents.

Après la colonie, nous sommes partis avec mon père, Charlotte et Salomé en Espagne à l'Escala. Après la colonie, je sombrais de nouveau violemment dans la dépression. J'avais l'impression d'avoir donné toutes mes forces lors de ces deux semaines. Je n'avais qu'une envie, c'était de rester au fin fond de mon lit. Dès notre arrivée, les tensions ont éclaté. Je voulais du calme, de la solitude après avoir passé 15 jours sans aucun moment seule. Il y avait deux chambres et un sous-sol avec un lit double et une télé. J'ai décidé que je m'installais en bas pour être au calme. Charlotte avait prévu que je dorme avec Salomé en haut. Comme à chaque fois qu'on ne va pas dans le sens qu'elle avait convenu, elle s'est braquée. Elle me répondait mal, me disait que je la privais de sa liberté, car elle aurait peut-être envie de regarder la télé en pleine nuit, alors que cela n'arrivait jamais chez nous. Elle m'a également dit que je faisais passer tous mes besoins avant ceux des autres. Sur le plan alimentaire, j'étais totalement d'accord, pour ce qui est du reste, c'était totalement faux. Nous faisions toujours des activités pour Salomé, ma petite sœur de 5 ans, jamais rien pour moi. Je me suis opposée pour la première fois frontalement à elle. Je ne supportais pas la manière dont elle me parlait, comme si j'étais inférieure à elle. Elle m'a descendue la balance au sous-sol. Nous l'avions emporté pour vérifier que mon poids ne diminue pas encore. Elle l'a posé sur mon oreiller en me disant « comme ça, tu pourras bien faire ce que tu veux, tout contrôler ». J'étais choquée par ce geste. Avait-elle conscience de ma maladie et du contrôle qui me dévore à chaque brèche ? Elle m'a également dit qu'encore une fois, mon père, Salomé et elle s'étaient adaptés à mon planning de vacances et avaient attendu mon retour de colonies pour pouvoir partir en vacances. Je n'avais jamais demandé quoi que ce soit. Je n'aurai pas mal pris le fait qu'ils partent sans moi, ils l'avaient déjà fait et mes colonies étaient prévues depuis le mois de mars. J'ai explosé, je ne comprenais pas comment elle pouvait être aussi cruelle avec moi. Je voulais seulement du calme, déjà que je n'avais pas très envie d'être en vacances, je voulais retrouver mon lit chez moi, mes copines qui me comprennent et qui me manquaient terriblement. Je suis partie en claquant la porte, sans téléphone, dans une ville que je ne connaissais pas. J'étais pleine de rage, rage que j'ai retournée contre moi en me griffant, me mordant, me frappant. Je pleurais toutes les larmes de mon corps. Je me suis assise sur la route, espérant qu'une voiture arriverait un peu trop vite sans me voir. Les passants s'arrêtaient et me parlaient en espagnol. Je ne parle pas espagnol, donc je les regardais, leur souriais et ils partaient sans en savoir plus. Je suis rentrée peut-être une heure plus tard, pour mon père et ma sœur. En rentrant, personne n'était là, ils étaient partis voir la mer. Je me suis sentie abandonnée, seule. Je ne pouvais pas m'arrêter de pleurer, mais déverser ma rage sur moi m'avait un peu calmée. Durant tout le séjour en Espagne, j'ai suivi mon père et Charlotte, à reculons. Je sais que certains penseront que je suis capricieuse, que j'avais la chance de partir en vacances et que je n'en ai même pas profité. Vous auriez raison, mais les troubles ne prennent pas de vacances et je n'ai pas été guérie de la dépression en voyant la mer et en bronzant sur la plage. Chaque petite chose me demandait un effort surhumain et j'étais épuisée. Je ne profitais de rien, je n'étais plus là. Je sais que mon père et Charlotte pensent que j'ai gâché leurs vacances, ce qui a sûrement été le cas. Je n'avais qu'une hâte, pouvoir me remettre dans mon lit à ne rien faire.

Au bout d'une semaine à l'Escala, nous sommes rentrés dans la maison de famille de Charlotte vers Lyon. Je détestais cette maison. Elle ne me rappelait que des moments de grandes tensions familiales. Mon frère et ma grand-mère nous ont rejoints pour une semaine. Les rapports familiaux ont toujours été compliqués avec ma grand-mère. Elle s'était longtemps disputée avec mon père à propos d'une histoire dont je ne me souviens même plus. Charlotte ne la portait pas spécialement dans son cœur et elle la critiquait souvent lorsque nous parlions d'elle. Je suis beaucoup restée dans ma chambre durant ce séjour, je n'avais plus envie de me lever, de vivre ce que la journée avait à m'offrir. Nous étions dans un petit village avec peu d'occupations mis à part la piscine publique et une fête médiévale qui avait lieu chaque année dans tout le village. Je descendais lors des repas, où ma famille ne parlait que de nourriture bien que je leur aie demandé d'arrêter et de discuter d'autre chose. Me concentrer sur la nourriture et ce que je mangeais m'angoissait énormément, mais malgré les demandes, rien n'a changé. Les jours sont passés à une lenteur terrible, et vers la fin du séjour, Charlotte a décidé de mettre à la porte ma grand-mère de 75 ans, en pleine canicule, au fond de la compagne lyonnaise. Après que ma grand-mère ait quitté notre lieu de vacances, Charlotte nous prenait à partie pour exposer tous les torts de ma grand-mère. Je n'ai jamais eu la version de Charlotte, mais ma grand-mère m'a raconté qu'elle s'était opposée au fait que mon frère était un enfant difficile et au fait qu'elle se présente comme étant « la boniche des enfants ». Ce dernier point, Charlotte en parlait souvent. Il faut savoir que chez eux, mon frère et moi faisions beaucoup, beaucoup plus que les jeunes de nos âges. Certes, du fait de mon trouble alimentaire, je ne faisais pas à manger, mais je faisais mon linge depuis l'âge de 14 ans et parfois, j'étendais le linge des autres membres de la famille, je mettais la table, débarrassais, mettais dans le lave-vaisselle, vidais le lave-vaisselle, faisais de temps en temps le ménage. Je n'ai jamais cherché à ce que cela soit reconnu dans la famille, je le faisais de bon cœur. Mon frère aidait également, comme il le pouvait. Dans la bouche de ma belle-mère, c'était toujours elle qui faisait tout, toute seule, et bien qu'elle dise souvent qu'il ne fallait pas compter les points dans l'aide qu'on s'apportait mutuellement, j'avais l'impression qu'elle comptait chaque point. Pour donner un exemple, souvent, lorsque mon frère et mon père partaient tôt et ne débarrassaient pas leurs vaisselles du petit-déjeuner, elle restait sur la table jusqu'à leur retour pour qu'ils la débarrassent. Lorsque Charlotte laissait son plateau de petit-déjeuner sur la table, je le débarrassais sans me poser la moindre question.

Mon père et ma belle-mère rabaissaient également très souvent ma Maman et ça, je ne le supportais plus. Certes, elle n'est pas parfaite et ces derniers mois ont été compliqués avec elle, mais elle fait ce qu'elle peut et mon père n'est pas non plus parfait. C'était me placer au milieu de leur conflit de loyauté à qui serait le meilleur parent. Je ne voulais aucunement prendre place dans cette guerre au mérite parental, je l'avais déjà exprimé lors d'entretiens familiaux, mais cela ne changeait rien.

6 août 2022

« L'aube se lèvera-t-elle ? Retrouverai-je mon beau soleil qui est parti bien trop longtemps loin de moi ? Mon soleil, cessera-t-il de pleurer avec moi ? Y aura-t-il des teintes de couleurs demain dans mon soleil levant ? Je rêve d'un soleil rosé parsemé de pointes d'oranges et d'ambre. Il me réchaufferait le cœur et illuminerait la vie. Depuis trop, longtemps, celui-ci est terne, dénué de couleurs, de vie, de sens. Son éclat se reflète moins bien dans mes yeux, brille moins fort dans mes cheveux blonds. En ce moment, je le vois tous les jours, sa présence est même écrasante, mais il semble tellement différent.

Dis-moi mon beau soleil, où t'es-tu caché ? »

Accepter l'échec

Un homme est bien fort quand il s'avoue sa faiblesse.

Balzac

Après Lyon, je suis partie à Bordeaux avec Oriane, une de mes meilleure copine. J'ai bien profité, nous avons visité cette ville que je ne connaissais pas. J'ai rencontré Oriane quand nous étions en 6e au cirque et depuis, je la considère comme une de mes amies les plus précieuses. J'étais super contente de partir encore une fois avec elle, car je savais que j'allais passer une super semaine à ses côtés. Les premiers jours, j'étais en restriction, je n'avais pas de repères. Cela m'angoissait beaucoup, car je ne pouvais pas me peser. Avant de partir de Lyon, j'étais tout juste au poids cible que mon psychiatre tolérait pendant un certain temps d'adaptation. Je n'avais plus le droit à l'erreur et je ne pouvais pas perdre plus de poids, sinon, c'était retour à la clinique sans terminer mes vacances. Un jour, je suis allée me peser dans une pharmacie et j'ai totalement paniqué. J'avais encore perdu 3 kilos. Pour une fois, je n'étais pas heureuse d'avoir perdu du poids. J'étais morte de peur, la maladie ne faiblissait pas, même au poids que je voulais atteindre. Je me disais que lorsque j'aurai atteint mon poids cible, la maladie s'arrêterait miraculeusement, mais ça ne fut absolument pas le cas. À partir de ce jour-là, j'ai recommencé à manger beaucoup, des choses qui me terrifiaient. Je voulais reprendre ces 3 kilos pour ne surtout pas être en dessous de mon poids et être encore hospitalisée. Dans la même journée, j'ai mangé une glace, une pizza, une gaufre à la chantilly, j'ai bu des jus de fruits. Tout cela peut paraître anodin, mais pour moi, cela me paraissait insurmontable.

J'étais très ambiguë dans mes prises alimentaires. Le midi, je pouvais manger beaucoup pour rattraper mon retard de poids, et le soir manger une salade sans assaisonnement, car la maladie me disait que c'était trop et que j'allais reprendre trop de poids. Ma copine Oriane m'aidait énormément à ne pas culpabiliser, car elle me montrait que c'était tout simplement normal de manger comme cela de temps en temps. Elle voulait d'ailleurs prendre du poids, ce qui était très aidant, car elle ne faisait pas de régime d'été, comme beaucoup à cette époque de l'année. Cela m'a d'ailleurs toujours dérangé. Ça n'est déjà pas simple de guérir d'un trouble alimentaire, ça l'est encore moins dans notre société. Notre société qui met en avant toute sorte de régimes, de jeûnes et de compléments alimentaires pour perdre du poids. Nous ne pouvons pas sortir sans croiser une publicité qui nous invite à faire du sport ou à faire un régime. Cela ne fait qu'engendrer un esprit malsain vis-à-vis de l'alimentation avec des diabolisations de certains aliments. Je pense qu'on a tous eu en tête le fait qu'un fast-food est considéré comme « mauvais » et une salade comme « bonne », mais on omet souvent de parler du fait qu'il s'agit en réalité d'un équilibre alimentaire et non pas de polarisation des aliments. Aujourd'hui, les troubles alimentaires sont véhiculés par une société obnubilée par les corps et la recherche de la perfection. Ainsi, on tolère les TCA, on envie le ventre plat de gens souffrant d'anorexie qui crèvent de faim toute la journée. La société nous touche par tous les canaux possibles : à la télé, à la radio, dans les supermarchés, et sur les réseaux sociaux. Ce dernier point en essor depuis quelques années voit fleurir une communauté de pseudos nutritionnistes qui n'y connaissent absolument rien et qui conseillent des choses dangereuses pour la santé. Pour vous donner un exemple concret, avant la maladie, je ne savais absolument pas combien de calories devait manger une femme de mon âge. J'ai vu sur les réseaux sociaux que cela tournait autour des 1200 calories, soit l'équivalent de ce que mange un enfant en bas âge. Manger si peu alors que notre corps en a, à peu près, besoin du double, ne peut mener qu'à des troubles alimentaires avec des pensées obsessionnelles autour de l'alimentation. Les commentaires physiques m'énervent également au plus haut point. Qui est-ce que ça regarde si j'ai pris 2 kilos et que ça me va moins bien d'avoir un poids sain que quand j'étais maigre ? Alors il faut se battre pour soi, contre soi, mais aussi contre la société qui ne fait qu'empirer nos idées maladives. Si vous prenez un alcoolique et que vous le mettez en sevrage, et donc sur la voie de la guérison, dans un bar, vous verriez sûrement que cela n'est pas adapté. Et bien, c'est exactement la même chose dans notre société, sans parler de la société de surconsommation qui fait que nous voyons de la nourriture en continu, du lever au coucher.

En rentrant de Bordeaux, je suis ensuite partie à Trouville avec Oriane, Eva et Lou. Je me sentais super bien avec elles, mais j'avais comme le besoin de montrer que j'étais malade, je restais extrêmement rigide sur l'alimentation. J'avais peur qu'elles ne m'aiment plus si je n'étais plus la Amélia malade. Les filles n'avaient pas de problèmes avec la nourriture et d'un certain côté, cela m'aidait et me permettait de beaucoup moins culpabiliser. Je trouvais ces filles tellement belles et intéressantes que je me disais que je pouvais aussi leur ressembler sans être malade. Ces vacances avaient un petit goût de nostalgie. Eva partait à la fin de l'été pour faire ses études à Toulouse. C'était difficile d'imaginer qu'une fille du groupe s'en allait. Nous étions un quatuor depuis tant d'années, nous nous voyions souvent toutes les quatre et nous partions en vacances tous les étés depuis quatre ans. J'étais super heureuse pour elle qu'elle ait été prise dans une école qu'elle voulait, et pour laquelle elle a tant travaillé pour l'obtenir, mais en même temps, j'anticipais le manque qu'elle allait causer. Nous sommes donc rentrées Oriane Lou et moi à Paris, cela signait la fin de mon été.

En rentrant à Paris, j'ai retrouvé mes copines que je n'avais pas vues de l'été. Cela m'a fait du bien de retrouver une routine un peu plus soutenante. Je pouvais reprendre les rendez-vous médicaux en présentiel. J'ai également retrouvé ma famille et les tensions ont rapidement réémergées. Quelques jours plus tard, j'ai retrouvé mon journal intime du collège. J'ai eu un choc en le relisant, j'étais sûrement malade depuis bien plus longtemps que ce que je pensais.

Lundi 23 septembre 2017

« Cher Journal, en ce moment, je commence à reprendre de mauvaises habitudes comme l'an dernier, mais encore plus poussées sur certains points… L'année dernière, j'ai commencé à avoir un énorme complexe sur mon corps à cause de réflexions qu'on m'a faites en vacances “ah, mais t'es tellement grosse que même pas en rêve, je te violerais”. Cette phrase était aberrante dans tous les sens du terme, mais elle m'a fait mal sur la première partie de la phrase. À partir de là, j'ai commencé à un peu moins manger, à faire beaucoup plus de sport et à compter toutes mes calories sur une application. Depuis quelques jours, je compte de nouveau tout ce que je mange, et je trouve des mensonges et des tactiques pas possibles pour sauter des repas ou alors le moins possible et je prends des médicaments pour éliminer après quand je fais un écart trop important. J'ai tellement honte de mon corps, je suis grosse, moche, pleine d'acné, détestable. Je suis horrible et je m'en veux. »

J'ai montré ce passage de mon journal à ma belle-mère et mon père. Charlotte m'a dit que ça ne l'étonnait pas, qu'elle nous avait toujours connu ma sœur et moi avec des problèmes alimentaires et que nos parents ne nous avaient jamais appris à nous mettre des limites, qu'on ne pouvait pas toujours manger ce qu'on voulait et qu'il ne fallait pas qu'écouter ses envies. Elle m'a dit « à l'adolescence tu étais vraiment ronde, anormalement ronde à l'âge où les jeunes filles s'affinent, notamment en 2019 » ou encore « avec ma fille ça ne sera pas pareil ». Je lui ai rétorqué que selon mon IMC j'ai toujours été dans la norme, voire dans la norme basse avec 65 kilos pour 1m74, soit un IMC de 21,2, alors que le surpoids est à 25. Elle m'a répondu que l'IMC ne veut rien dire et que certaines photos étaient choquantes. Après cette discussion, j'étais retournée, je suis allée voir mes photos pour voir si j'étais vraiment ronde à l'époque. Avant, je regardais ces photos pour me dire que je n'étais pas grosse avant d'être malade. C'était une vraie motivation pour moi. À partir de ce moment, je me suis trouvée grosse en regardant mes photos d'avant et j'ai développé une dysmorphophobie de mon moi d'auparavant. Maintenant, je savais très bien me limiter et me restreindre et je n'étais pas plus heureuse, loin de là. Ce qui m'a d'autant plus révolté, c'est qu'à ce moment là, mon vrai poids cible après mon poids transitoire ne se trouvait qu'à deux ou trois kilos de ce qu'elle trouvait « très rond », je ne serai pas si loin de mon poids d'avant. Cela signifiait-il qu'au sein même de mon foyer, quelqu'un me trouverait grosse ? Ce que je savais pertinemment, c'est que je ne voulais plus atteindre mon poids cible chez eux. Elle m'a également dit un jour que si mes frères et sœurs, les plus petits, avaient plus tard des TCA, cela serait de ma faute, car je leur aurais montré un mauvais exemple à table. Cette remarque me faisait très mal, jamais je ne voudrais que quiconque tombe dans cette horrible maladie, encore moins à cause de moi. En y réfléchissant, c'était facile de me dire cela quand de l'autre côté elle utilisait constamment des applications pour voir si un aliment était bon ou mauvais et qu'elle contrôlait ce que ma petite sœur mangeait. Parfois, elle disait « tu as mangé trop de sucre, on va aller se dépenser maintenant ». Je ne sais pas s'il n'y a que moi que cela choque, mais pour moi, dire cela à une petite fille de 4 ans est extrêmement déplacé. Elle critiquait souvent ma belle grand-mère qui m'avait mise sur la balance à mes 7 ans, mais je pense que cette discussion était bien pire, car là, elle avait conscience de ma maladie, de ma phobie de prendre du poids et de ma dysmorphophobie. Elle ne voyait pas non plus la boulimie comme une maladie, ou alors comme quelque chose qu'on pouvait contrôler. Ma sœur Marie, à l'époque, ne « grignotait » pas par plaisir, mais bien parce qu'elle était malade et lui interdire de se servir dans les placards ne changeait rien à sa maladie et ses pulsions alimentaires. Mon père à côté ne disait rien, il était totalement inutile à la discussion et laissait Charlotte m'expliquer qu'à 21 d'IMC j'étais grosse.

Partir pour guérir

La guérison n'est jamais si prompte que la blessure.

Le dimanche 28 août, j'ai décidé que le quotidien chez mon père était trop pesant et était devenu un réel frein à ma guérison. J'avais la tête pleine d'idées noires que je mettais pour l'heure de côté.

Le lundi 29 août, j'avais rendez-vous avec le Docteur M en présentiel. Pour la première fois depuis le début de la thérapie, je me suis réellement affirmée et j'ai dit tout ce qui ne m'allait pas sur le plan familial. J'avais une longue liste de tous les points que je souhaitais aborder le lendemain en thérapie familiale avec Charlotte et mon père. En sortant du cabinet, je savais que je passerais ma dernière soirée au domicile de mon père. Ce soir-là, c'était extrêmement difficile, je pleurais dès que j'étais à l'écart, car je savais que je me jetais dans un gouffre sans filet. Lorsque ma sœur est partie se coucher et que j'ai dû lui dire au revoir, c'était terriblement difficile. Je savais que j'allais passer un long moment sans la voir. Lorsque je suis rentrée dans ma chambre, j'ai pleuré toutes les larmes de mon corps. Je ne voulais pas que Salomé pense que je l'abandonnais, alors je lui avais fait une vidéo pour lui expliquer que je partais, mais que je serai toujours là pour elle et qu'elle restait ma petite sœur adorée. J'ai préparé deux grandes valises. Je partais, mais je ne savais pas où. Je comptais passer de copine en copine, mais je savais que ce projet n'était pas durable dans le temps. Ce lundi soir, je me suis énormément scarifiée, alors que j'avais passé mes vacances d'été sans toucher à ma lame. Je tirais des traits sur ma peau dans le but de ressentir toute la colère que j'avais intériorisée depuis trop longtemps. Le lendemain matin, avant que mon père et Charlotte ne se réveillent, j'ai mis mes valises dans le garage pour qu'ils ne me voient pas partir avec toutes mes affaires. Je savais que je ne serais plus la bienvenue chez eux après l'entretien alors j'ai décidé de partir par moi-même. J'ai déposé mes valises chez ma mère, puis je suis partie au rendez-vous familial. J'étais dans le cabinet du Docteur M, mon père et ma belle-mère en visio. Dès le début du rendez-vous, le Docteur M a expliqué à mon père et Charlotte que ce serait un entretien où c'était moi qui allais parler. Directement, ma belle-mère s'est opposée à cela, car elle trouvait qu'on parlait toujours de mes problèmes sans écouter les leurs, ce qui est faux, car j'étais quasiment muette à chaque entretien familial. Je me souviens qu'elle ne me laissait pas parler, si bien que le Docteur M cherchait un moyen pour désactiver son micro. Je me suis exprimée sur tous les points que j'avais besoin d'aborder. Après avoir implosé, j'explosais sans me soucier nullement de tous les dommages collatéraux. J'avais une haine immense, une soif de vengeance. Cet entretien a été un choc pour moi. Jamais je n'avais autant exprimé par des mots toute ma souffrance et surtout toute ma colère. Je me souviens que pendant toute mon hospitalisation, Docteur G me disait que j'avais le droit d'exprimer ma colère, qu'elle était légitime et que je ne serai pas moins aimée à cause de cela. Je comprenais enfin ce que le mot colère voulait dire. J'avais tant enfoui cette émotion que je ne savais même pas à quoi cela ressemblait. J'étais totalement submergée par cette émotion que je ne savais pas gérer. Lors du rendez-vous, le Docteur M nous a donné un deuxième rendez-vous le lendemain en urgence. Avant de partir du cabinet, il m'a fait promettre les yeux dans les yeux que je ne ferai pas de geste suicidaire ce soir-là. Il m'a demandé l'adresse de la copine chez qui j'allais et m'a demandé son numéro. Il m'a appelé dans la soirée pour savoir si tout allait bien. Ce soir-là, j'étais avec Alix. Elle a été là pour me soutenir et m'écouter. Avant de me coucher, j'ai appelé ma marraine et j'ai lâché toutes mes larmes. Je ne me souviens pas vraiment de l'appel, mais je sais que je me suis sentie soutenue, écoutée et rassurée. Le lendemain matin, je me suis réveillée avec une terrible boule au ventre. J'étais extrêmement angoissée de ce rendez-vous et je ne me sentais pas la force de le surmonter, mais je m'y suis tout de même rendue. J'avais pris avec moi tous les médicaments que j'avais pour en finir en passant le pas de la porte de Docteur M. Lors de ce rendez-vous, j'avais l'impression d'être infantilisée par mon père et ma belle-mère. Je ne disais rien pendant la consultation, je me laissais submerger par les mots de Charlotte, de mon père et de Docteur M. J'étais totalement déconnectée de mon corps. À la fin de l'entretien, le Docteur M a posé l'indication d'une hospitalisation d'urgence pour risque suicidaire. J'ai donc pris un taxi pour aller jusqu'à la clinique. Avant de partir, le Docteur M a pris tous mes médicaments. Ce jour-là, il m'a sauvé la vie, car je comptais prendre tout ce que j'avais. Je suis arrivée à la clinique totalement apathique. Me retrouver dans cet environnement neutre et bienveillant où je m'étais reconstruite, m'a coupé du flot jaillissant de mes pensées. Je ne ressentais plus rien. Les émotions avaient été tellement intenses que je me suis coupée de tout. Je me voyais de l'extérieur, comme un fantôme. Je flottais au-dessus de moi-même, j'étais épuisée d'avoir sorti toute la colère accumulée depuis bien trop longtemps. J'ai commencé un suivi avec le Docteur S, je l'avais déjà rencontré à l'hospitalisation précédente. Il était prévu que je reste à la clinique seulement quelques semaines, le temps de reprendre le poids que j'avais perdu pendant l'été et de faire passer la crise.

À cette époque, je ne savais plus où était mon chez-moi. Je n'en avais plus vraiment. Je vivais à la clinique en quelque sorte. J'ai tout de même fait ma rentrée le 12 septembre en prépa infirmière. Je n'avais pas été prise dans les formations que je souhaitais et je m'étais alors tournée vers cela. Dès le début, j'ai été passionnée par ce que j'apprenais. Moi qui avais toujours eu des cours très théoriques sans vraiment de sens communs, cela me faisait énormément de bien de parler de vrais sujets tels que la Procréation Médicalement Assistée, l'euthanasie… Avec la clinique, je n'ai assisté qu'à peu de cours, mais j'ai travaillé en autonomie et j'ai réussi à avoir des résultats très convenables. J'ai eu beaucoup de mal à sociabiliser, je n'ai rencontré personne durant cette formation, car j'étais très fermée et distante avec les gens de ma classe. J'avais très peur d'être jugée par les autres et que le schéma que j'avais toujours connu se répète. Néanmoins, une chose avait changé et je pense que c'est en grande partie grâce aux groupes de paroles, j'arrivais à parler devant toute ma classe sans vraiment être stressée ou avoir peur du jugement. Cette prépa était parfaite pour mon projet de l'année qui était de me soigner tout en reprenant une scolarité pour m'occuper. J'étais heureuse et soulagée d'avoir enfin trouvé ma voix. Je pense que je me suis tournée vers cela en grande partie grâce aux infirmiers qui se sont occupés de moi à la clinique. Ce sont des personnes d'une extrême bienveillance, à l'écoute, gentils. Ce métier m'a énormément touchée et m'a donné envie à mon tour de soigner les autres comme on m'a soigné.

À la clinique, j'ai retrouvé mon amie Clem qui n'était pas encore sortie. Cela me faisait du bien d'être avec elle et de ne pas me retrouver seule à la clinique. On s'encourageait mutuellement pour sortir la tête de l'eau et avancer vers le mieux. Elle est rapidement devenue mon acolyte de la clinique, nous nous ressemblions assez physiquement et les gens nous appelaient les sœurs jumelles, surtout le mardi où nous faisions exprès de nous habiller pareilles pour les groupes de paroles. On passait toutes nos journées ensemble et le temps passait alors bien plus vite.

Le 21 septembre, j'ai eu un nouvel entretien familial avec mon père. Celui-ci a été extrêmement douloureux. Mon père a exprimé le fait que mon départ et mes reproches aient été un tsunami qui l'avait plongé sous l'eau, qui l'avait noyé. Il m'a reproché le fait de ne pas avoir réussi à lui parler, à lui dire que ça n'allait pas. Il m'a exprimé le fait qu'il avait pris des risques en m'accueillant chez lui à tout niveau. Une phrase m'a profondément bouleversée pendant cet entretien « je ne suis absolument pas valorisé, si je t'avais laissé crever et t'enfoncer encore plus dans la maladie, au moins tu n'aurais pas pu me reprocher certains points ». Pour lui, les projets que j'ai accomplis ces derniers mois comme mon job, mes colonies de vacances ou mes études ne sont que des échecs, car je les ai mis en place dans la douleur et la difficulté. J'étais blessée qu'il voit ça comme cela, car pour moi, c'étaient de réels projets accomplis. Il m'a souligné le fait que selon lui, je ne m'étais pas exprimée par moi-même, mais que j'avais repris les termes d'autres personnes de ma famille et que je lui avais reproché des choses futiles et sans intérêt. Il m'a dit que depuis plusieurs semaines, il était à terre et ne pouvait pas sortir la tête de l'eau. Mon père a reconnu qu'il y a eu des avancées, mais pas suffisamment pour lui et que je n'ai absolument pas traité le fond des problèmes. Il m'a exprimé le fait que notre relation ne restera pas comme cela pour toujours, mais que pour le moment, il n'était pas prêt à me réouvrir sa porte et qu'il a senti dans mon discours de la cruauté et « des mots simplement dits pour blesser ». Cela a été très dur pour moi, car c'était la première fois que je m'exprimais par des mots et non pas par des symptômes et cela a été très mal reçu de l'autre côté et absolument pas valorisé. Nous avons également évoqué le sujet de mon logement. Il m'a dit « je pourrai te dire de retourner chez ta mère, juste pour rire un peu ». Il m'a ensuite dit qu'il ne pourra pas assumer quoi que ce soit, que j'aille en foyer, chez ma mère, chez ma marraine et que ma place est à l'hôpital, car « c'est la solution la moins douloureuse financièrement grâce à la sécurité sociale ». Je ne pouvais pas m'imaginer qu'il puisse dire cela. Cela signifiait que pour lui, il préférait me savoir en clinique sans autonomie plutôt que de m'aider à m'épanouir dans ma vie de jeune adulte. J'étais très en colère contre lui, contre eux, contre moi. J'avais l'impression qu'on venait de me noyer à mon tour, que je coulais dans un océan sans fond.

Les médecins m'ont donc après cet entretien, vivement conseillé de faire le deuil de mes attentes parentales. Ce n'est pas qu'ils ne veulent pas, mais qu'ils ne sont pas capables de faire face à mes problématiques. Cela faisait plusieurs mois que nous discutions de ce point, mais je n'arrivais pas du tout à progresser à ce niveau-là. C'est extrêmement dur de se dire que ses propres parents puissent être délétères dans ma guérison.

Un matin, fin septembre, le Docteur S m'a parlé du trouble de la personnalité limite, ou trouble borderline. Je savais vaguement ce que c'était, mais je ne m'y étais jamais vraiment intéressée. Il m'a dit que j'avais beaucoup de caractéristiques qui se rapprochaient de ce trouble. Le Docteur S était spécialisé dans le trouble de la personnalité borderline donc je savais que je serai bien suivie. Il m'a fait la liste des potentiels symptômes : peur de l'abandon, labilité émotionnelle, passages à l'acte, mise en danger, raisonnement clivé, instabilité relationnelle, instabilité de la vision de soi, impulsivité. Ce jour-là, j'ai eu un énorme soulagement, car ce diagnostic m'a permis de déculpabiliser certains comportements que j'avais pu avoir. Le Docteur S m'a dit qu'il y avait des exercices pour réguler ce trouble qui fait partie intégrante de ma personnalité. J'étais soulagée de ce diagnostic, mais ce n'est pas pour autant que je l'ai accepté. Je pense avoir longtemps été dans le déni et si j'avais accepté l'anorexie, cela n'était pas le cas du trouble borderline. J'ai commencé à aller aux groupes de psycho-éducation du trouble borderline à la clinique et très vite, je me suis rendu compte que j'avais énormément de similitudes avec les autres personnes du groupe sur nos manières de gérer nos émotions notamment. Chez moi, je pense que les médecins ont mis longtemps à me diagnostiquer, car j'ai de grosses difficultés à parler de mes émotions, des hauts et bas et de leur intensité. En général, j'accumule tout intérieurement jusqu'à imploser et exploser, en général en retournant toutes les émotions négatives sur moi. Le problème, c'est que ce fonctionnement est délétère pour tout le monde, car il donne l'impression que je veux détruire l'autre en exprimant tout ce qui ne va pas chez lui d'un seul coup. C'est ce qui s'est passé avec mon père et avec ma mère quelques mois plus tôt. Les relations finissent par lâcher, car cela cause trop de torts. J'étais soulagée de ce diagnostic mais c'était à double tranchants car je pense être devenue bien plus borderline avec le temps en imitant inconsciemment les symptômes des autres pour ressentir une certaine légitimité.

11 octobre 2022

« Et si au fond Papa avait raison ? Tout ce que je mets en place n'est-ce pas uniquement échec sur échec ? J'ai tellement peur de décevoir les autres en n'y arrivant pas, mais en suis-je capable ? J'ai peur de les décevoir en paraissant trop faible, en arrêtant de me battre. J'ai peur qu'on m'abandonne si je ne suis pas assez forte pour faire face à mes difficultés. Je pense qu'il y a aussi un grand sentiment de honte. Honte de ne pas être la patiente modèle, qu'après un an et demi de thérapie quasi quotidienne, je n'arrive toujours pas à exprimer oralement mes difficultés et j'opte pour les symptômes pour laisser transparaître ma douleur. Je suis une putain de manipulatrice à cacher la vérité. Et puis pourquoi je cache la vérité ? Je suis épuisée de mentir à tout-va pour ne pas avoir de sanction à mes symptômes. Je prends très certainement la place de personnes qui veulent vraiment de l'aide et qui auront la force de s'en sortir. Des gens qui ne se disent pas qu'il n'y a pas de vie dans le futur, dans cette vie chaotique. Des gens qui ne se demandent pas constamment s'ils ont une place sur cette terre. Parce que oui, peut-être que c'est ça le problème. Est-ce que j'ai une place sur cette putain de terre ? Au final, j'aurai certainement créé moins de chaos, j'aurai pris moins de place. Le problème est que la mort est pour moi quelque chose de commun. Je n'en ai pas peur, et ce, depuis déjà quelque temps. Je pense que la tentative de suicide de ma Maman m'a confronté au fait que la mort est quelque chose qui peut survenir à tout moment. Je suis terrorisée de celle de mes proches, j'y pense tout le temps, c'est une anxiété qui revient souvent, mais je n'ai absolument pas peur de ma propre mort. Je suis arrivée à un stade effrayant de la banalisation et de l'attente. L'anorexie m'offrait tout cela et elle me manque plus que tout aujourd'hui. Ce petit challenge de s'effacer, de fondre comme neige au soleil chaque matin, être toujours un peu moins. Ce suicide doux qui me permettait de m'éteindre lentement. C'est quand même dingue comme la mort, l'apaisement éternel, l'arrêt définitif de cette vie de merde m'attire. Pourquoi quand le Docteur S me demande où je me vois dans 5 ans, je ne lui réponds pas clairement que je ne me vois pas infirmière ni quoi que ce soit, mais que je me vois morte. Je suis épuisée, entendez-moi. »

Atelier d'écriture : 19 octobre 2022

Je me souviens de ces instants où la vie était douce, sans vague, l'esprit parasité par tout le bonheur que je semais. Je me souviens de cette famille aimante que tout le monde enviait, de ces parents présents et amoureux. Je me souviens de cette petite fille que j'étais, pleine d'ambitions qui rêvait de faire le tour du monde et de devenir vendeuse de cœurs ou sage-femme. Je me souviens de cette enfant facile à vivre qui avait toujours un sourire sur le visage, qui riait et faisait rire. Je me souviens de ma volonté de faire bouger les choses au lycée et de ces heures à m'investir dans des causes qui me tenaient tant à cœur. Je me souviens de cette volonté que j'avais de réussir mes études supérieures, et de ces profs qui ont détruit le peu de confiance en moi que j'avais. Je me souviens de celle que j'étais avant la maladie, qui adorait aller au restaurant avec ses copines ou cuisiner. Je me souviens de chaque fois où je suis montée sur scène avec mes amies au Casino de Paris pour présenter nos numéros de cirque, de ces câlins avant et après la scène. Je me souviens de ces couchers de soleil face à la mer, le sable tiède, le vent dans les cheveux et les pommettes chaudes, avec mes meilleures amies à parler de n'importe quoi, à rire et à se promettre qu'on partira encore ensemble à 70 ans.

Vide de toi

Un seul être vous manque et tout est dépeuplé.

Alphonse de Lamartine

Le 4 novembre, j'ai visité ce qui allait être mon premier appartement. C'était un très joli duplex avec le coin salon et cuisine au rez-de-chaussée et le bureau et la chambre à l'étage. J'ai tout de suite été envoûtée par cet appartement. Il était très lumineux, spacieux et bien organisé. Ma tante habitait la maison mitoyenne à mon studio, ce qui me rassurait grandement au cas où un jour ça n'irait pas.

À partir de début novembre, j'ai commencé à énormément m'investir dans mon appartement. J'ai acheté énormément de décorations, de vaisselles qui me plaisaient. Je voulais faire de mon studio un petit cocon où je me sentirai bien. J'avais intégré que pour guérir, je devais m'extirper de ma famille en prenant mon autonomie pour m'extraire de tous les conflits.

Peu de temps après, j'ai débuté les repas en chambre à la clinique pour m'autonomiser et me préparer à vivre seule. Les repas hors de la table se sont révélés être une catastrophe. Je ne mangeais presque rien sur mes plateaux et la restriction faisait son grand retour après deux mois d'alimentation normale à la table TCA. J'étais incapable de faire bien sans être regardée et surveillée. Avec cela, les compulsions sont réapparues et j'ai pris 4 kilos suite à cela. Cette prise de poids a été très dure à accepter, car je ressentais une forte injustice face au fait que j'avais un contrat de poids avec les médecins, que je suis allée au-delà et qu'ils ne voulaient pas m'aider à retrouver mon poids plancher en diminuant mes apports. J'ai conscience maintenant que cela aurait été complètement contre-productif, mais je trouvais que la situation n'était pas juste pour moi et je me sentais trahie par les soignants. Je recommençais à diaboliser l'alimentation après avoir eu une courte pause entre septembre et octobre. La maladie reprenait les rênes et me laissait incapable de réagir. Je mangeais très peu, et cela a duré plusieurs mois, mais je ne perdais pas de poids et ne disais rien, alors cela n'inquiétait pas les médecins.

J'avais hâte d'habiter seule, de devenir plus autonome, d'avoir mon petit chez moi, d'en faire un cocon. Je me suis énormément investie pour le décorer, l'aménager comme je le voulais et en faire une bulle positive. J'ai emménagé là-bas le 26 novembre 2022, aidé par mes copines Clem et Elsa. C'était la première fois depuis un long moment que j'allais poser mes affaires et avoir l'impression d'être chez moi. Les premiers jours, cela m'a fait un peu bizarre, car comparé à la clinique où je ne suis absolument pas autonome, là, je pouvais sortir quand je le voulais sans prévenir quiconque, je pouvais inviter mes amies à la maison, rentrer à l'heure que je voulais. Bref, cette indépendance m'a fait du bien dans un premier temps. J'ai alors débuté des séquentielles avec la clinique. J'étais une semaine sur deux chez-moi et l'autre semaine à la clinique. Le problème était que j'avais emménagé avec la maladie en guise de colocatrice, j'étais sous son emprise et je continuais la restriction. À cette époque, le manque de mon père et de ma sœur était terrible, et il allait grandissant avec la période de Noël qui approchait. Je prenais mes marques dans mon appartement, j'apprenais à gérer un budget, à me poser un cadre. J'étais très entourée par mes copines de la clinique qui m'accompagnaient énormément sur cette nouvelle voie que j'empruntais, celle de l'indépendance. Néanmoins, on m'a souvent dit qu'il fallait que je voie d'autres filles que celles de la clinique, que c'était s'enfermer dans le cercle de la maladie que de ne voir qu'elles. En réalité, c'était plus simple de voir ces filles qui m'avaient vu parcourir toutes les phases, tous les états, mes échecs et mes réussites. Qui m'avaient vue au plus haut, mais également au plus bas. Ces filles à qui je n'avais pas besoin de sourire quand ça n'allait pas et qui comprenaient mes larmes, mes rires, mes fiertés et mes doutes. Ces filles avec qui nous partagions chaque minuscule pas, chaque victoire et qui comprenaient que c'était risible pour beaucoup, mais un pas-de-géant pour nous.

Début décembre, j'ai eu envie de faire ma première fois sous un coup d'impulsivité, je voulais le faire pour de vrai, comme pour effacer ce souvenir d'abus. Avec le recul, je l'ai en réalité fait pour me détruire encore un peu plus, pour faire passer mon corps comme un objet de désir avant ma propre personne. J'ai échangé deux ou trois messages avec cet homme. À l'heure actuelle, je ne sais même plus comment il s'appelle. Il est venu chez moi, nous sommes directement allés dans ma chambre. Il a été très respectueux, j'étais entièrement consciente et consentante. Je ne respectais seulement absolument pas mon corps. Plus tard, cet irrespect de mon corps sera répété, des dizaines de fois. Je voyais uniquement mon corps comme un objet de fantasme, un moyen de satisfaire l'homme sans que jamais je n'y prenne aucun plaisir. Au moment où un homme posait ses mains sur moi, je me dissociais, mon corps et mon esprit étaient incapables de communiquer et de ne faire qu'un. Je savais mettre mes limites, je savais dire quand c'était trop pour moi et que je voulais arrêter, mais je ne savais pas me protéger et ne pas m'autodétruire autant que cet homme m'avait détruite en avril 2022 et tous ces coups d'un soir ne cessaient en réalité de me replonger au détour de cette petite ruelle.

12 décembre 2022

« Cher père Noël,

Je me souviens comme j'aimais t'écrire lorsque j'étais petite. J'étais toujours toute excitée de choisir mes jouets dans les catalogues de grandes surfaces. Cette année, j'ai une demande particulière. Je ne veux rien de matériel, rien qui ne s'emballe dans du papier cadeau. Cette année, mon souhait le plus cher est d'être heureuse et en bonne santé physique et mentale. Je veux juste que ma vie soit emplie de petits et grands bonheurs. Je veux être en mesure de passer de vrais bons moments avec mes amis, pouvoir habiter complètement seule, ne plus dépendre des soins, voir mes petites sœurs et mon frère grandir, soigner les autres comme on m'a soignée.

Alors, oui, père Noël, ma demande est peut-être un peu excessive et particulière, mais c'est vraiment la chose dont j'ai besoin cette année. J'aimerais également que tous mes proches soient comblés de petits et grands bonheurs.

Merci père Noël, merci pour ce que tu pourras faire. »

Nous avons fêté Noël chez mon grand-père paternel avec ma Maman, ma sœur et mes tontons. J'ai passé un Noël rempli d'amour auprès de ceux qui sont chers à mon cœur. Toutefois, il y avait un vide abyssal dans mon corps, un vide dans lequel j'avais l'impression d'être en chute libre. Passer Noël loin de mon père et de mon amour de petite sœur me dévastait. Je ne pourrai pas la voir déballer ses cadeaux avec ses yeux d'enfants qui croient encore au père Noël. Les jours qui ont suivi m'ont plongé dans une grande tristesse. Je ne voyais pas l'intérêt de cette fête et cela faisait trois ans que ça durait. Je passais mes journées dans mon lit à annuler ce que j'avais de prévu. Je n'avais plus envie de voir quiconque, de partager quoi que ce soit. Je n'avais pas la force de faire semblant et de partager ces fêtes.

27 décembre 2022

« Papa, aujourd'hui, je t'écris parce que j'ai terriblement, mal. J'ai mal de ton abandon et de notre rupture totale de lien. La situation est extrêmement compliquée, car à la fois, tu me manques terriblement, je passe mon temps à attendre le moindre signe de toi et à la fois, tu me détruis, tu me brises. Je pensais avoir rebâti depuis quelques mois des fondations solides, mais tout est de porcelaine. Le moindre reproche me fait de nouveau sombrer. Tu me fais douter de moi, de qui je suis et de ma légitimité à être de ce monde. Tu sais, je pense sincèrement que si on ne peut et ne veut pas assumer d'avoir des enfants et prendre ses responsabilités, ça n'est pas grave de ne pas en avoir. Sincèrement, j'aurais préféré ne jamais voir le jour que de supporter tant de douleur.

Ton abandon me donne l'impression que je suis perpétuellement seule et sans valeur. Tu sais Papa, je pense que tu ne nous as pas vu grandir. Je pense que ça te rassure de penser qu'on a encore 6 ans. Dans l'évolution normale des choses, un parent aide son enfant à prendre son indépendance. J'ai dû le faire seule, sans toi. Tu ne sais même pas où j'habite, à quoi ressemble mon appartement et si je m'y sens bien. Je sais que ce n'est pas ta priorité, mais je pensais débuter ma vie d'adulte dans d'autres circonstances. Papa j'ai mal depuis plusieurs années, j'ai mal que tu sois tant amoureux de Charlotte, à tel point que tu nous laisses tous partir un à un sans te remettre en question. J'ai mal que tu sois incapable de prendre la moindre décision. J'ai mal que ton objectif soit, par fierté, de vouloir détruire Maman. J'ai mal que tu me trouves dangereuse et toxique. J'ai mal que l'on soit passé d'une super relation au néant. Notre relation que j'attendais depuis tant d'années. J'ai mal que tu me prives de ma petite sœur, elle qui était tout pour moi, un vrai carburant pour aller mieux. C'était mon antidépresseur le plus puissant. J'ai mal et je suis terriblement en colère et triste, et c'est malheureux, mais je retourne tout cela contre moi. Je me sens comme un enfant raté, la honte de la famille. Alors je passe mes journées sans rien dans le ventre, pour que ce vide ne vienne pas de toi. Je m'abîme les bras pour avoir mal d'une autre manière que psychologiquement. Je sais, c'est mal, mais je n'arrive pas à croire que je souffre sans que cela ne se voie concrètement. Tu ne recevras jamais cette lettre, j'aurai bien trop peur de recevoir une réponse, mais Papa, j'ai besoin de toi, je n'arrive plus à avancer sans toi. Mon cœur est brisé et je sais que ça durera un petit, voir un long moment. Je vais essayer de m'accrocher, si j'en ai encore la force. Une part de moi veut te prouver que je peux m'en sortir sans toi, en me battant seule. »

31 décembre 2022

« Aujourd'hui, j'ai envie de m'éteindre, de ne plus jamais avoir à briller. Je suis épuisée par la vie, épuisée de me battre et épuisée d'être sans cesse triste. L'année 2022 touche à sa fin et si je la résume, j'ai passé 9 mois hospitalisée, 2 fois entre la vie et la mort. J'ai perdu deux des êtres que j'aimais le plus au monde et cette absence me broie, me détruit. Parfois, je me demande pourquoi continuer de vivre si je dois avancer sans eux. J'ai l'impression qu'on m'a arraché un morceau de mon cœur, que j'ai perdu mon étincelle de vie. Il faut que je me souvienne tout de même de tout le positif que j'ai pu tirer de 2022. J'ai fait de superbes rencontres avec des gens qui me veulent du bien et qui me font du bien. Je suis partie plusieurs fois en vacances et c'était vraiment génial. J'ai animé 2 colonies de vacances et malgré la fatigue cela m'a bien plu. J'ai réussi à taper du poing sur la table et à plus m'affirmer. J'ai commencé des études qui m'intéressent beaucoup et dans lesquelles je me sens à ma place. J'ai emménagé dans mon premier appartement seule.

Alors oui, 2022 n'a pas été facile, très loin de là, mais n'oublions pas tout le positif qu'il y a eu. Il y a deux ans, jour pour jour, je tentais de m'éteindre pour toujours pour la première fois, aujourd'hui, je suis encore là à me battre et je ressortirai victorieuse, il n'y a pas de raison. »

J'ai passé le nouvel an en boîte avec mes copines de prépa. Cela me faisait tellement plaisir de les voir épanouies dans leurs écoles. Nous avons bien fait la fête, et lorsque nous avons fait le fameux décompte pour l'année nouvelle qui s'ouvrait devant nous, mon souhait pour 2023 était de ne plus jamais rien annuler à cause de la maladie, de ne plus jamais me laisser voler des moments de vie. Je me suis promis que si 2022 avait été éreintante, 2023 serait l'année du renouveau et de ma revanche face à la vie. Depuis ce 31 décembre 2020, j'ai énormément avancé, je me suis prouvée plusieurs fois que j'étais capable de beaucoup, bien plus que ce que je ne pensais et que je suis capable d'avoir une belle vie pleine de surprises. Après la soirée, j'ai dormi dans l'appartement de ma sœur et comme souvent le lendemain, j'ai eu une importante décompensation causée par l'alcool. Ma sœur avait une carte postale avec inscrit dessus « un seul être vous manque et tout est dépeuplé ». En lisant cette phrase, je me suis effondrée. Je n'avais rien lu d'aussi vrai. J'étais entourée, j'avais des proches aimants, des amies en or, ma Maman qui me soutenait énormément, mais il me manquait mon père et ma sœur et cela me donnait l'impression d'être infiniment seule. Je suis retournée à la clinique le lendemain, car je me savais vulnérable et que je n'avais pas envie de faire de bêtise le 1er janvier 2023.

Calogéro dit dans une de ses chansons qui m'émeut énormément *manquer d'un père n'est pas un crime*. Il a totalement raison, ce n'est pas un crime, pas punissable par la loi. Ce qui pour moi est un crime, c'est d'abandonner son enfant, c'est de partir alors que l'autre a besoin de soi. Alors certes, mon père n'a aux yeux de la justice pas commis de crime, mais auprès de mon cœur, il a commis un crime terrible, celui de l'abandon de ses enfants et je lui en veux énormément pour cela.

Je suis donc rentrée à la clinique me mettre en sécurité. Je ne devais y rester qu'une semaine, mais finalement, j'y suis restée quelques jours de plus, car je ne me sentais pas de ressortir et d'aller chez moi directement. J'avais travaillé avec le Docteur S sur un plan de crise au cas où cela n'irait pas chez moi. Il consiste à faire une activité divertissante, puis appeler un proche, se rapprocher d'un proche, utiliser notre médicament « si besoin » et si la crise ne passe pas, se rendre aux urgences psychiatriques. Je trouvais ce plan d'action très pratique, car il « suffisait » de l'appliquer. Le problème est qu'il faut savoir s'en servir au moment donné.

1er janvier 2023

« Cher Papa,

C'est en ce 1er janvier 2023 que je décide de t'écrire, les yeux pleins de larmes. Plein de larmes, car aujourd'hui tu me manques terriblement. Ces fêtes étaient très dures sans t'avoir à mes côtés. J'étais très bien entourée, mais comme le dit la citation, *un seul être vous manque et tout est dépeuplé*. J'ai mal Papa, mal de ne plus te reconnaître. Jusqu'à quel point tu vas t'isoler pour qu'enfin tu ouvres les yeux ? Papa, tu as évincé de ta vie tes deux parents, deux de tes filles et tous tes amis. À quel point tu aimes ta femme pour tous nous faire passer après ? Je voudrais tant que tu ouvres enfin les yeux. En ce début d'année, j'ai besoin de te reprocher toutes les choses que je n'ai pas pu te dire en face. Je t'en veux de laisser ta femme choisir tes réponses à nos messages et ainsi lui déléguer ton rôle de parent. De critiquer et de remettre en cause notre éducation pour aller dans son sens. Tu ne peux pas critiquer les bases sur lesquelles nous avons grandi tous les trois. Je t'en veux de laisser Charlotte éduquer Théo et qu'elle le rabaisse par la suite alors que c'est l'enfant le plus gentil et conciliant qui existe. Je t'en veux terriblement de sans arrêt rabaisser Maman et que tu nous répètes sans cesse que votre amour était faux. Cela veut-il ainsi dire que nous vivons depuis toujours dans le faux ? Dans une pièce de théâtre ? Tu sais aujourd'hui, c'est Maman qui me redonne une once d'espoir dans notre relation. Je vous en veux à tous les deux de ne même plus être capable de communiquer quand il s'agit de notre santé et même potentiellement de notre mort. Je t'en veux de toujours faire des activités familiales pour que ça plaise aux plus petits. Te souviens-tu que nous sommes quatre et que nous avons également des besoins et des envies ? À l'heure actuelle lorsqu'on me demande ce que je veux faire, je suis tout simplement incapable de répondre, tant je n'en ai pas l'habitude. Je t'en veux de m'avoir dit ou d'avoir laissé dire que si mes frères et sœurs avaient des TCA plus tard, cela serait de ma faute, car je ne leur donnais pas le bon exemple. Cette maladie, je ne la souhaiterais pas à mon pire ennemi, alors imaginer que mes frères et sœurs souffrent de cela, c'est simplement impensable pour moi. Je t'en veux de m'avoir dit que tu prenais des risques énormes en m'accueillant chez toi. N'est-ce pas le rôle d'un parent que d'aider ses enfants, même malade ? Je t'en veux d'avoir dit que tout ce que j'entreprenais dans la douleur n'était qu'un échec alors que c'était pour moi une manière de réinvestir ma vie. Je t'en veux pour ce jour en Espagne où je suis partie en pleine crise suicidaire et que tu ne m'as même pas cherchée. Je t'en veux d'avoir laissé ta femme expulser ta mère de 75 ans au beau milieu de nul part, car elle s'opposait au fait que nous étions mal élevés. De la laisser seule alors que vous habitez à cinq minutes et qu'elle me témoigne par la suite de toute sa douleur de cet isolement. Je t'en veux terriblement de t'être désinvestie des soins alors que c'est ce qui me permet d'avancer et de me reconstruire. Je t'en veux de ne jamais avoir appris à m'écouter et à me comprendre sauf lorsque je suis dénutrie et aux portes de la mort ou que j'ai les bras en sang tant vous ne m'avez pas appris à extérioriser autrement que par la douleur. Je t'en veux d'avoir ravivé ma peur de l'abandon, car Papa, là tu m'as abandonné. Je t'en veux qu'à chaque fois que je traverse la rue, je prie pour me faire percuter par une voiture et quitter cette vie que je n'envisage pas sans toi. Je t'en veux de nous laisser gérer les tâches du quotidien et qu'après ta compagne nous reproche de ne rien foutre, d'être mal élevés et dise dans notre dos qu'on se comporte comme si c'était notre "boniche" et que toi tu ne dises rien. Je t'en veux de ne m'envoyer des messages que pour l'argent de la clinique, argent que je sais par avance que tu vas me réclamer. Je t'en veux quand tu m'as dit que la guérison était uniquement une question de volonté un soir en Espagne. Je t'en veux énormément d'avoir ri et approuvé lorsque Charlotte m'a dit que j'avais toujours été ronde à poids normal. Je t'en veux et je suis en colère que tu ne veuilles ou ne puisses pas assumer mes besoins vitaux et quand tu m'as dit en entretien que la solution la moins douloureuse et coûteuse pour toi c'était que je vive à la clinique. Tu ne sais aujourd'hui même pas où j'habite, ce que je fais et comment je vais. Je t'en veux que tu m'aies dit que j'étais dangereuse pour votre famille.

Alors oui Papa, je t'en veux énormément pour un tas de choses et je sais qu'aujourd'hui mes soins bloquent parce que je n'arrive pas à combler ce vide que tu causes. Ces derniers jours, ce vide et cette tristesse, je la retourne contre moi en me faisant du mal, car c'est moins douloureux pour moi de me provoquer moi-même ce vide et cette douleur que de la ressentir sans la contrôler.

Papa, je t'en supplie, ouvre les yeux, j'ai terriblement mal, mais je t'aime. »

3 janvier 2023

« Cela va peut-être paraître totalement absurde et irraisonné, mais c'est super dur de perdre un trouble, de lui dire adieu et à jamais. Je sais qu'il m'a causé vraiment énormément de peines, bien plus que de joies, mais en le perdant, j'ai l'impression de perdre une partie de qui je suis, une partie de qui je suis devenue ces dernières années. J'ai ce sentiment identitaire de ne plus être capable de me définir, de savoir ce que je veux ou qui je suis autrement que par la maladie. La dernière fois que j'ai su qui j'étais, je devais avoir 9 ans. Or, je ne peux pas redevenir une enfant. Ce trouble m'a fait perdre une partie de ma vie et une partie de moi. L'anorexie m'a, pendant plusieurs, donné un but, une raison de me lever le matin et de ne pas rester ma journée dans mon lit à broyer du noir. C'était la seule chose qui me faisait démarrer ma journée. Je n'arrivais pas à me dire que j'étais quelqu'un avant d'être malade, que je pouvais exister sans cette couverture malsaine, mortelle. Parfois, je me dis que ma maladie m'a permis de me sauver et de ne pas mourir sur le coup. Mais au fond, l'anorexie n'est-ce pas un suicide à petit feu ? N'ai-je pas finalement l'étiquette “anorexique” sur la tête ? Mon but était de m'effacer, ce qui se caractérisait parfaitement avec la perte de poids. Prendre moins de place, moins exister, s'effacer de la vie jusqu'à se supprimer définitivement.

J'ai terriblement peur de perdre ce trouble également car j'ai peur qu'on m'abandonne encore, que j'ai de nouveau à faire à ce vide si douloureux. En étant malade, que ce soit pour l'anorexie ou pour le trouble borderline, j'ai l'impression d'être légitime de demander de l'aide, alors que les médecins me répètent que je pourrai continuer d'être suivie même en allant mieux. En fait je crois que je suis un peu dépendante des soins, c'est devenu le seul endroit où je me sens en confiance et pas en insécurité permanente. »

9 janvier 2023

« Parfois, je suis paniquée de voir les jours, et les années passer. Demain, j'aurai 20 ans. Cela fait déjà trois ans que je suis dans tout cela, trois ans que je survis plus que je ne vis. Aujourd'hui, je crois que j'ai peur, peur que la veille de mes 30 ans ou de mes 70 ans, je relise ces lignes en me disant que rien a changé, que mes journées soient toujours rythmées par l'envie irrépressible de perdre 100 grammes ou de m'autodétruire plutôt que de voyager, de fonder une famille ou de réaliser mes rêves. J'ai tellement peur de me réveiller dans 50 ans en me disant "ma vie s'est résumée à être malade et à obéir aux dictats de la maladie". Lorsque j'aurai 50 ans, plus personne ne sera vraiment là à me soutenir comme aujourd'hui, ils auront leur vie bien construite. Je dirais que tout va bien, car mes proches n'en pourront plus de me voir avoir toujours les mêmes mécanismes maladifs. Je leur mentirai pour qu'ils ne perçoivent pas le décalage entre la réalité et ce que je dis, alors que rien ne sera résolu. Je ne serais pas guérie mentalement, mais physiquement comme c'est le cas aujourd'hui. Je continuerai de me détruire, à me faire du mal, ne pas dormir, m'autoangoisser, me faire du mal. C'est triste, mais du haut de mes 20 ans je connais plus de noms de médicaments que de noms de bars à Paris. Je ne connais pas les limites du taux d'alcoolémie, mais le taux de glycémie, la pression artérielle et le rythme cardiaque dans la norme à force qu'on me les prennent tous les matins à la clinique. Ne serait-ce pas, à l'aube de mes 20 ans, le moment de me dire que j'arrête de me poser toutes ces questions qui ne m'apportent finalement que d'être malade, n'est-ce pas le bon moment pour renverser la tendance et réellement me mettre à vivre, à découvrir le monde ? Je suis encore dans l'âge où c'est possible, j'ai la vie devant moi, dans 40 ans cela sera moins le cas. J'ai peur à l'idée de ne jamais connaître l'amour, la possibilité de fonder une famille et d'avoir des enfants. Est-ce que je préfère vivre ma vie, mes projets, mes rêves ou tout contrôler : mon poids, mon apparence, les cours, mes relations dans l'unique but de me créer moins de peurs et de rester dans ma zone de confort ? En ce moment, j'ai totalement conscience que je dois prendre une décision radicale. Cette décision je ne fais que la repousser, je repousse ma vie à plus tard en me disant qu'elle peut m'attendre encore un peu, mais cela ne sera pas le cas éternellement.

Je ne peux pas me permettre de résumer ma vie à cela, je dois vraiment essayer de m'en sortir et d'arrêter de savoir comment m'en sortir sans rien appliquer. »

Le 10 janvier, je fête donc mes 20 ans à la clinique avec mes amis d'hospitalisation. Le soir, je suis allée dîner avec mes copines qui sont sorties il y a quelque temps. J'ai passé une superbe soirée, heureusement que je les avais à mes côtés, elles sont chacune si précieuse à leur manière. Quelques jours plus tard, je suis retournée en séquentiels chez moi. À partir de ce moment-là, les idées noires se sont énormément intensifiées. Il n'y avait plus que la mort en boucle dans ma tête. Je ne voulais plus être, je ne voulais surtout pas devenir. J'étais épuisée par la vie et son lot d'épreuves. J'avais l'impression que ma vie se résumait à un combat perpétuel contre moi-même et cela m'affaiblissait grandement. Je suis uniquement restée quelques jours chez moi, puis je suis retournée à la clinique pendant environ un mois, car je ne me sentais pas la force de faire face à moi-même dehors. Je savais que j'étais un danger pour moi et je me faisais peur à n'avoir rien que des idées noires et suicidaires. Ce qui me faisait particulièrement peur, c'est d'être ma propre victime en ayant un coup d'impulsivité un jour. Je savais que j'étais en sécurité à Garches et les idées noires se sont atténuées au fil des jours. Lors d'une permission, j'ai consommé énormément d'alcool, jusqu'à tout oublier. Ce soir-là, je me souviens que j'ai bu pour perdre le contrôle qui était bien trop présent au quotidien. Là encore ce n'était qu'une douce illusion, j'avais l'impression de tout contrôler, mais il n'en était rien. J'étais prisonnière de moi-même tentant de m'oublier un peu pour avoir moins mal.

Atelier écriture : 21 janvier 2023

« Je vais vous raconter l'histoire d'un beau château, qui chaque jour se reflétait dans l'eau. Dressé à la lisière d'une forêt, il se sentait, chaque jour, déprimé. De sa place, seulement, il voyait, dans un miroir d'eau, sa façade disproportionnée. Il affrontait chaque jour durant, sa vision, ce qui était extrêmement décourageant. Dans le miroir, ses traits se mélangeaient le rendant fortement dysmorphié. Avec cette réalité en face, il se déteste un peu plus chaque jour qui passe. Pourtant, les gens le trouvaient beau, mais il n'arrive pas à rationaliser ce qu'il voyait dans l'eau. Il essayait de comprendre que ses yeux lui mentaient, chose pas évidente quand on s'y retrouve confronté. Il essayait de se raccrocher à son for intérieur, à toutes ses qualités qui le rendaient courageux, mais de lui-même, il n'est jamais tombé amoureux. Alors un beau matin, le château décida de ne plus croire ce qu'il observait dans l'eau. Il s'efforçait non sans mal de prendre conscience de ses qualités et d'arrêter de sans arrêt se rabaisser. »

Ce château me représente très bien. Lorsque je me vois dans le miroir, je ne me vois pas comme vous me voyez. Je me vois totalement disproportionnée avec des épaules en carré, d'énormes jambes et un ventre tout sauf plat. C'est difficile de se dire que notre propre cerveau peut nous tromper sur nous-même et peut nous faire nous détester au point de voir uniquement ses défauts et pas notre être dans sa globalité avec la beauté intérieure qui compte au moins à parts égales, si ce n'est plus. Quand je me regarde, ce n'est pas que mon reflet qui me dégoûte, c'est également la personne que je crois être, car elle n'est pas celle qu'elle aurait voulu être.

Le 1er février, j'ai fait une rencontre extraordinaire qui m'a énormément aidée à ce moment-là. Cette fille-là, elle s'appelle Léa. Au début à la clinique, je ne l'aimais pas, elle dégageait bien trop de confiance en elle et était du style leader, tout ce que je fuyais. Avec ma copine Mathilde, nous passions nos journées ensemble, c'était comme une petite Maman pour moi. Je me sentais protégée à ses côtés. Nous sommes, un soir, allées crier des musiques dans sa voiture sur le parking de la clinique pour nous défouler. Ce soir-là, Léa est venue avec nous et depuis nous ne nous sommes jamais quittées. Elle avait cinq ans de plus que moi, mais je me sentais à ma place à côté d'elle.

Elle n'était pas venue ici pour TCA, mais pour addiction et voir quelqu'un emprise de sa dépendance m'a fait gommer tous mes préjugés sur les personnes addicts. Malgré son immense tristesse et sa perte d'élan vital, elle était pour moi un vrai rayon de soleil, une petite étoile qui illuminait les sentiers sombres. Notre amitié a commencé très vite, très fort et au bout de quelques jours seulement nous passions nos journées ensemble sur le perron à fumer des clopes en parlant de tout et de rien.

26 février 2023

« Ma maladie me manque tellement. Je sais, cela peut paraître absurde, déraisonné. C'est mon échappatoire, ma zone de confort, une relation à la vie à la mort. Je ne sais plus qui je suis sans cette identité de malade. Je suis passée de lycéenne à malade. Je n'ai pas connu la liberté d'être majeur, les soirées étudiantes, les bêtises d'adolescence. Je suis passée de l'enfance à la maladie. C'est dur, très dur de devoir m'imaginer me trouver une identité en dehors de cela. J'ai travaillé sur tout cela durant mon hospitalisation, je l'ai intellectualisé, énormément. Néanmoins, émotionnellement, je suis incapable de m'en saisir. Je me pose toujours les mêmes questions. Qui suis-je ? Vers où vais-je ? Qui sera à mes côtés à l'avenir ? Que vais-je devenir ? Tout cela, je ne le sais pas. Nous y avons beaucoup réfléchi avec Docteur S, mais je ne suis pas persuadée des réponses que je lui ai apportées. Au moins être malade me permet d'être certaine de quelque chose, d'avoir un socle à peu près stable. Tout le monde a des passions, est animé par quelque chose dans la vie. Moi, je suis malade et ça n'est pas si grave. D'ailleurs, peut-on se présenter comme malade ? Est-ce concevable pour la société de se résumer à un terme médical, un diagnostic plutôt qu'à un métier ou à une qualité ? J'aimerais tant me trouver des qualités pour exister, des raisons de vivre, de m'accrocher un peu plus fort. Dans tout cela, ce n'étaient plus mes rêves et mon avenir qui me motivaient. La maladie me faisait croire que je me résumais à cela, à être malade. Je ne pensais plus être une personne à part entière sans la maladie, que j'allais réaliser des projets et suivre mes rêves, que j'avais une identité propre avec mon caractère et mes ambitions. Je ressens un manque immense, un vide sans fond, où bien qu'on creuse, dont on ne perçoit jamais le bout. Dire adieu à la maladie est, je pense, le deuil le plus difficile que j'ai eu à faire jusqu'à présent. Je sais que c'est triste à dire, mais elle a été comme ma meilleure amie pendant tout ce temps où j'étais seule, ma raison de ne pas sombrer. Je ne sais plus où est la limite entre elle et moi, quelles sont mes décisions, quelles sont les siennes ? J'ai l'impression que nous ne sommes plus qu'une seule et même personne. Pourtant, c'est étrange, cette maladie m'a aussi détruite, énormément, m'a fait pleurer des nuits entières, m'a fait culpabiliser, m'a amenée au plus près de la mort, m'a fait me sentir comme une moins que rien. Elle m'a fait mentir, énormément, à tout le monde, me laissant ainsi penser que je ne savais que mentir alors que cela n'est, à la base, pas un trait de ma personnalité. Parfois, je pleure de ce manque, de l'impossibilité d'avoir ma "dose de restriction". Je souffre de cette ambivalence, la moi qui veut guérir et la moi qui veut rester malade. »

Vers fin février, j'ai fait mon premier stage dans le milieu hospitalier. J'étais en chirurgie ambulatoire dans une clinique parisienne. C'était la première fois que je portais la blouse et qu'à mon tour, je m'occupais des autres. Au début, passer de soignée à soignante n'a pas été évident, je me sentais assez illégitime d'avoir cette double casquette. Néanmoins, très vite, je m'y suis faite et je me suis sentie extrêmement à l'aise avec les patients. Pour la première fois depuis quelque temps, j'étais fière de moi, fière qu'à mon tour, j'apporte du mieux-être aux patients. Le 5 mars, je suis allée voir ma meilleure amie, Jeanne finir le semi-marathon. Mes larmes ne pouvaient plus s'empêcher de couler. Je l'ai rencontrée au tout début à la clinique en piteux état et maintenant, elle pouvait courir 21 kilomètres sans être en danger. J'étais incroyablement fière d'elle et de tout ce qu'elle accomplissait au quotidien. À ses côtés, je sens que je peux être moi-même à 100 %. C'est le genre d'amitié où on peut ne pas se voir pendant trois mois, mais cela sera toujours pareil après. Jeanne, et moi sommes toutes les deux très différentes et c'est pour ça que je suis autant attachée à elle, elle me montre la vie sous un autre angle. C'est la fille avec qui on peut se regarder dans les yeux et se dire « on est en train de faire de la merde là ». Elle est extrêmement précieuse à mon cœur.

Au fur et à mesure du mois de mars, mes idées noires allaient en s'intensifiant. Je suis retournée à la clinique à temps plein, mais cela ne les a pas apaisées. J'ai alors commencé à boire beaucoup trop d'alcool pour oublier ces idées obsessionnelles. Cela n'a absolument pas fonctionné, mais l'ivresse me promettait un cocon dans lequel j'étais bien moins triste et à vif. Je buvais jusqu'à ne plus être capable de me lever ou de penser clairement. Les médecins et mes proches ont essayé de m'avertir sur l'abus d'alcool, notamment avec mes médicaments. Je ne sais plus faire dans la demi-mesure, sois je ne bois rien, sois je bois jusqu'au black-out. Le 15 avril, j'avais une soirée pour l'anniversaire de Lulu. Avant d'y aller, j'avais bu une bouteille de vin blanc, toute seule, sans avoir rien mangé de la journée, car j'étais incapable de m'alimenter en même temps que de boire. À cette époque-là, je faisais de nouveau une semaine sur deux avec la clinique donc j'étais dehors, chez moi. Le lendemain, la redescente de l'alcool a été terrible. Mes idées noires étaient trop proches de moi. Deux jours plus tard, j'ai fait ma plus grosse tentative de suicide. J'étais épuisée émotionnellement, j'étais en colère, mais surtout, j'étais désespérée de ne jamais voir le bout, de devoir vivre avec ça pour toujours. Personne ne viendra me sauver, personne ne viendra faire les efforts pour moi, à ma place. C'est à moi de choisir à 100 % la guérison sans tolérer mes symptômes. Je pouvais continuer de mentir aux médecins en leur disant que tout allait bien, mais c'est à moi d'arrêter de me restreindre, à moi de commencer des activités même si je n'ai envie de rien, à moi d'arriver à m'autonomiser. Il faut que j'arrête de le faire pour ma famille, mes amies, mes soignants. Il faut que je le fasse pour moi.

Mal de vivre

La vie est le vrai remède pour combattre le mal de vivre.

Yvon Paré

10 avril 2023

« Papa, Maman, je vous en veux terriblement de m'avoir donné la vie, une vie qui n'a à ce jour plus qu'un goût d'amertume et de douleur. Demain, cela fera 3 ans que ma vie est un enfer quotidien, un enfer dont je ne vois pas le bout, dont je ne vois plus la lumière. Papa, Maman, comment panser et apaiser mes plaies, si profondes que j'ai l'impression de ne plus exister au travers de quoi que ce soit et de faire face à un vide béant. Pourquoi après 2 ans de suivi hebdomadaire et 1 an et demi de suivi quotidien, je n'ai toujours pas eu la force de choisir la vie et de renoncer à la mort ? Papa, Maman, je ne me souviens plus de la dernière fois où j'ai passé une journée entière en étant sincèrement heureuse. À quel moment j'ai commencé à porter un masque pour correspondre à ce que les autres attendaient de moi, à savoir être heureuse ? Papa, Maman, j'ai perdu espoir de vivre depuis quelques mois, je n'imagine pas que je pourrai de nouveau rire sincèrement et de bon cœur. Je n'ai pas peur de la mort, je l'attends avec impatience chaque jour en espérant que demain ne viendra pas, ne viendra plus. Comment exister dans ce monde lorsque je passe mes journées à m'autodétruire par la scarification, l'abus de médicaments, d'alcool ou la restriction ? Je n'arrive plus à envisager la guérison, je me suis résignée, car elle me coûte trop au quotidien, seulement l'imaginer me fait jaillir des flots de larmes. Se battre pour vivre n'est pas envisageable pour moi. J'y ai cru, vous m'avez offert l'opportunité de saisir cette chance, mais je n'en suis pas capable. Papa, Maman, je n'habite plus dans mon corps, je le regarde impassible, incapable de reprendre son contrôle. Mes pensées me bouffent jour après jour, me rongent de tout mon être, et ma capacité, à y faire face s'estompe peu à peu. Je n'ai pas trouvé les clés pour vivre, mais les stratagèmes pour survivre.

Papa, Maman, je vous en supplie, ne m'en voulez pas de ne plus y croire, je suis simplement fatiguée de vivre. »

11 avril 2023

« 3 ans jour pour jour que je suis tombée dans cette spirale sans fond, dans cet enfer aux cages dorées. 1 an que cet homme m'a enlevé la vie qui restait enfouie au plus profond de mon être. Elle était déjà bien tumultueuse et cachée, mais il s'en est saisi pour me la briser davantage.

Je suis fatiguée. Aujourd'hui nous avons décidé de ma sortie, je suis dépitée. 7 mois que je suis à la clinique et je n'ai absolument rien résolu. Certes, j'ai avancé sur certains points, mais au sujet de l'anorexie et de l'autodestruction, je n'ai fait qu'un pas en avant et dix en arrière. Ce qui est le plus dur, c'est de savoir que j'ai eu l'opportunité de remonter la pente, mais que je suis restée assise en bas, à l'intersection des chemins entre la vie et la mort. J'ai mal de ne pas être capable de choisir le chemin de la vie. Pourquoi est-ce que je n'arrive pas à ce point à renoncer à la paix et à l'apaisement éternels ? Cela me détruit de me dire qu'il me suffit d'une décision, d'un choix à faire et à tenir. Je sais exactement tout ce qu'il faut faire et ne pas faire pour aller mieux et entamer ma vie, mais cette décision, seule moi peux la prendre et je n'y arrive pas. J'aimerais tellement que quelqu'un me prenne par la main, m'oblige à avancer sur le chemin de la guérison. J'ai peur, peur, car je me rends compte que le corps médical a tout fait pour me sauver, la médecine a déployé tout ce qu'elle pouvait. Je me retrouve finalement seule face à moi-même à devoir prendre une putain de décision et j'en suis tout simplement incapable. J'appréhende de sortir, énormément. Je suis en rechute depuis plusieurs mois au sein même de la clinique. Mon poids baisse de nouveau en flèche depuis plusieurs semaines. À part un miracle, en sortant, je ne vois pas ce qui pourrait me permettre d'arrêter de me détruire. Parce que peut-être que l'anorexie a été un moyen pour moi de signifier que ça allait mal, aujourd'hui, c'est le moyen que j'ai de me suicider. Certes, ça n'est pas le plus doux des suicides, mais au moins, c'est ce vers quoi je me dirige petit à petit, et c'est ça qui est inquiétant : mon but, c'est la mort, je sais que cette voix de la maladie ne cherche qu'à me tuer. »

18 avril 2023

« Hier était de trop, je me suis réveillée la faim au ventre, j'ai entamé ma journée toujours de la même manière, avec le même rituel qui m'épuisait de plus en plus, en me pesant puis en mangeant toujours la même chose dans le même ordre. J'en suis rendue à manger de la purée de brocolis dès 7 heures du matin. Je suis restée une vingtaine de minutes à regarder le sol à réfléchir à la manière la plus radicale pour partir. Puis je me suis dis que je ne pouvais pas partir sans avoir rédigé des lettres à mon entourage et mes dernières volontés. Alors j'ai pris mon ordinateur et fais une petite liste des proches à qui je voulais écrire. J'ai entamé tout cela et j'ai pris mon ordinateur avec moi toute la journée pour que chacun ait sa lettre. Toute la journée, je me faisais des scénarios. Quels médicaments ? Combien ? J'avais fait des recherches sur les doses létales… Vers 21 heures, j'ai appelé ma grand-mère, car je ne voulais pas partir en étant en froid avec elle. J'ai beaucoup pleuré pendant cet appel. Suite à cela, sans aucun lien de cause à effet, j'ai pris ma lame et je me suis défoulée sur mes bras. Le sang coulait et mes manches se collaient à mes bras à cause du sang jaillissant. Ensuite, j'ai envoyé un simple "je t'aime" à ma Maman qui m'a de suite rappelée, car elle se doutait sans doute de quelque chose.

Elle m'a demandé si j'avais pris des médicaments, je lui ai répondu que non, ce qui était le cas à ce moment-là. Elle m'a dit d'appeler la clinique pour que j'y retourne et après cela, j'ai avalé une quarantaine d'anxiolytiques et une centaine de somnifères. Ma tante est venue chez moi en attendant les pompiers puis j'ai été amenée à l'hôpital le plus proche de chez moi. Les pompiers me maintenaient éveillée pendant tout le transfert puis je me suis endormie en arrivant à l'hôpital jusqu'au lendemain à 14 h 30. Se réveiller d'une tentative de suicide est une sensation terrible. D'une part, car cela n'a pas fonctionné et que l'on doit assumer tous les effets secondaires des médicaments ingérés et d'autre part, car nous devons subir le désarroi et la colère de nos proches. J'ai ensuite était transférée de nouveau à la clinique de Garches. Les médecins m'ont plusieurs fois demandé si je regrettais ce geste, mais je ne le regrette pas. Ma volonté était vraiment d'enfin être apaisée et libérée de mes démons. »

Après cette tentative de suicide, je suis retournée à Garches où j'étais en vigilance suicidaire donc je n'avais pas le droit de sortir de mon pavillon, d'avoir des fils, des chargeurs ou tout objet dangereux. Vic, une des filles avec qui je suis la plus proche s'est faite réhospitaliser à peu près à ce moment-là. Son premier jour à la clinique en 2021 était le jour de mon premier groupe de parole et elle revenait en ce mois d'avril pour la troisième fois à Garches. J'aime énormément cette fille. Elle a tout pour elle. En plus d'être jolie, drôle et profondément gentille, elle a une bienveillance d'une richesse impressionnante. Elle sait toujours trouver les mots et c'est une des seules personnes avec qui je partageais tout, le positif, comme le négatif, mes rêves, mes peines et mes hontes les plus inavouables. Avec elle, c'était différent, je me sentais bien, comprise et écoutée. Nous passions nos pauses clopes à refaire le monde et à se dire qu'il fallait qu'on sorte de tout cela.

Nous nous retrouvions plusieurs fois par jour sur le perron pour fumer des clopes et se raconter nos potins. Docteur S me confiait qu'il était très inquiet pour ma survie dans les 5 prochaines années, mais que si j'arrivais à passer cette période douloureuse, il ne serait pas inquiet sur le long terme. On m'a beaucoup demandé si je regrettais mon geste suicidaire, mais je ne pense pas le regretter. À ce moment, j'étais préparée à partir pour m'apaiser. Aujourd'hui, quelques semaines plus tard, j'ai un peu plus d'espoir dans la vie, je sais que c'est possible de s'en sortir, surtout avec l'équipe médicale que j'ai. J'ai passé un mois à la clinique pour faire passer la crise et réinvestir la vie. Au bout de quelques semaines, j'allais mieux et les idées noires se sont dissipées peu à peu. Les médecins ont doublé mes antidépresseurs et m'ont ajouté un régulateur d'humeur afin de m'aider. Docteur M n'était pas vraiment pour le fait de modifier mon traitement, car il pense que chez moi, la dépression est existentielle et non biologique. Cette remarque m'a fait vraiment mal, car cela voulait dire qu'il n'existait pas de médicament magique pour que j'aille mieux. Le travail, c'était avec moi et moi-même que je devais le faire.

Le 12 mai 2023, j'ai pris un café avec mon père, j'étais stressée à l'idée d'y aller, mais j'essayais, comme me le conseillaient les médecins, de mettre le moins d'attentes possibles dans ce rendez-vous. Je pensais que le but de ce rendez-vous était de savoir comment j'allais et de préparer notre rendez-vous pour le soin étude. Cela ne s'est absolument pas passé comme cela. Il a directement demandé où j'en étais financièrement par rapport aux coûts de la clinique. Je suis devenue une professionnelle à ce sujet, car c'est moi qui gère tout le côté financier. Il m'a ensuite dit qu'il ne pouvait pas assumer mes dépenses quotidiennes ou mon logement, car il ne gagnait pas assez d'argent pour m'assumer. Charlotte ne travaille pas de manière régulière et donc mon père assume tous les frais financiers et n'a donc pas les moyens de nous donner une pension alimentaire. Pour la première fois, j'ai réussi à m'exprimer et à poser les questions qui me venaient et qui fâchent. Je lui ai demandé pourquoi Charlotte ne travaillait pas. Il m'a répondu qu'elle voulait s'occuper de ma petite sœur alors qu'elle va à l'école toute la journée et qu'elle va avoir 6 ans.

Elle dit depuis toujours qu'elle ne comprendra jamais les parents qui travaillent jusqu'à 19 heures et qui ne s'occupent pas de leurs enfants après l'école. J'étais très en colère, car cela voulait dire que mon père acceptait le fait qu'elle n'ait pas de rentrée d'argent pour assumer une partie du foyer et qu'il nous aide. Normalement d'après la loi, les parents sont censés assumer leurs enfants même majeurs jusqu'à ce qu'ils soient autonomes financièrement. À un moment, il m'a dit « tu sais il y a certains midis où je ne déjeune pas ». Je lui ai répondu que ça m'arrivait aussi de ne plus avoir assez d'argent pour faire mes courses, ce à quoi il a répondu « et oui, c'est difficile ». Il m'a dit qu'il fallait que je trouve un plan B si je n'étais pas en foyer ou en soin étude. Un plan B, j'y avais déjà réfléchi, si je n'étais pas acceptée, je ferai une colocation ou je resterai dans mon appartement toute seule. Il a bien évidemment dit qu'il n'en avait pas les moyens et que j'avais un père et une mère chez qui je pouvais me loger. Effectivement, j'avais une mère, mais en ce moment, je n'avais plus de père. Lorsque la discussion a été trop lourde, je suis partie. Je ne voulais surtout pas qu'il me voit pleurer, je voulais montrer que tout allait très bien sans lui.

Partir vivre

Tout peut changer. Aujourd'hui est le premier jour du reste de ta vie.

Étienne Daho

Je suis sortie de la clinique le 16 mai, soit un an jour pour jour après ma première sortie. Cela a été très compliqué, car pour moi, quitter la clinique, c'était en quelque sorte abandonner l'idée que je pourrai un jour guérir de mes troubles. J'avais cette impression que cette hospitalisation n'avait pas servi à grand-chose, en tout cas sur le plan alimentaire. En réalité avec le recul, je me rends compte que j'ai énormément avancé pendant ces 9 mois et que la clinique m'a permis de rebondir. Je sortais en ayant des projets, je voulais aller l'année prochaine, soit en soin étude, qui est une sorte de clinique où on peut faire ses études, ou en foyer de jeunes filles. J'ai eu un rendez-vous avec le soin étude le lendemain de ma sortie. Mes deux parents devaient être présents et cela me paniquait énormément, car j'avais peur qu'ils explosent pendant le rendez-vous. Finalement, après cet entretien, j'ai décidé que je n'irai pas là-bas, car cela était trop contraignant pour le cursus que j'allais débuter en septembre. J'espérais alors être prise en foyer de jeunes filles. Le lendemain, j'ai déménagé de mon appartement de Bagneux, vers l'appartement de ma sœur dans le 6e arrondissement de Paris. C'était un peu dur de quitter mon appartement où j'avais pris mon autonomie pour la première fois. J'ai refait ma quarantaine de cartons et j'ai déménagé. Quelques jours plus tard, je suis allée observer la profonde beauté de l'océan

Atlantique à Hossegor. Je suis partie avec 3 copains de la clinique : Max, Gus et Léa. Cette petite semaine de vacances tombait parfaitement bien pour faire la transition entre la clinique et chez moi. Le séjour s'est parfaitement déroulé, nous avons trouvé nos marques et notre rythme rapidement et nous profitions de chaque petite chose, chaque petit instant. Nous nous entendions super bien et chacun apportait sa petite touche dans le groupe. Gus est la personne la plus drôle que je connaisse, il est drôle naturellement. Je connaissais moins bien Max, mais j'ai découvert une personne extrêmement gentille et excellent cuisinier. Léa est comme ma grande sœur, elle me montre que cela sert à quelque chose de se battre. Elle trouve toujours les mots justes pour m'apaiser.

Nous voyions le coucher de soleil depuis la maison et nous sommes allées le voir une fois sur la plage. Nous avons couru sur le chemin pour ne pas louper la beauté de ce moment. Ce moment était magique et a empli mon cœur de bonheur et de douceur. Les couchers de soleil ont un effet un peu magique sur moi. Je le considère comme le plus beau des spectacles. C'est même devenu une raison pour me battre, pouvoir admirer le soleil orangé, être avalé par l'océan avant de se retrouver dans le crépuscule du mois de mai. Ce soir-là, pendant mon séjour, mon soleil riait, il ne pleurait plus.

Le jour de notre départ, j'avais très peur de rentrer chez moi, de retrouver mes mauvaises habitudes et d'avoir le vide qui me crève le cœur et me cloue au lit. Mon retour s'est plutôt bien passé. J'occupais mes journées à voir des gens et je suis allée chez ma marraine et mon parrain ce qui m'a énormément ressourcée. Voir la verdure, la Seine, les oiseaux chanter, les fleurs bourgeonner, être à leurs côtés a continué de me redonner cet élan de vie et m'a de nouveau montré à quel point la vie avait de petites choses à nous offrir.

Le 1er juin, j'ai commencé un job à temps plein dans le but de financer une partie de mes soins. J'ai débuté en restauration et la première journée fut extrêmement stressante, mais je me suis rendu compte que combler ma journée par un travail me permettait de moins penser sans arrêt. En sortant de mon premier jour, j'ai reçu les résultats Parcoursup, j'étais admise dans plusieurs écoles. J'allais devenir infirmière. Au même moment, j'ai reçu ma proposition de logement au sein du foyer d'étudiantes. Toutes ces émotions en ce 1er juin m'ont fait m'évanouir de joie et pleurer toutes les larmes de mon corps. Je voyais pour la première fois que se battre portait ses fruits et pour la première fois depuis assez longtemps, j'ai été heureuse, vraiment heureuse et fière de moi, ce qui arrive extrêmement rarement. Je suis au début de ma nouvelle vie, de ma renaissance. J'étais prête à primaflorer comme dirait mon amie Alix, ce qui signifie renaître en même temps que les fleurs. Ce terme vient de Camille, une tatoueuse. Je sais pertinemment que tous mes problèmes ne se sont pas résolus avec une baguette magique, mais pour une fois, ma bonne étoile était au-dessus de ma tête et me renvoyait de la positivité.

2 juin 2023

« En cette journée mondiale de sensibilisation contre les troubles alimentaires, j'ai publié un texte sur Instagram. Ce texte, je l'avais écrit il y a quelque temps, mais il était pour moi important de le partager au monde, d'une part pour sensibiliser, et d'autre part pour que ce message prenne vie réellement et ne reste pas un simple texte griffonné dans un carnet. Ce 2 juin, j'ai annoncé au monde que je faisais mes adieux à l'anorexie, mes adieux pour toujours et à jamais. Je sais qu'il y aura certainement d'autres rechutes, d'autres moments difficiles qui font partie de la guérison, mais ce jour-là, j'avais besoin de lui dire adieu. Je veux voir mon soleil rire et ne plus jamais pleurer. »

« Chère anorexie, cela fait maintenant au moins trois ans que tu rythmes mon quotidien. Dans un premier temps, j'aimerais sincèrement te remercier de m'avoir donné une raison de vivre les jours où je ne voulais que rester dans mon lit, tu m'as permis de m'exprimer, de ne plus me laisser marcher dessus et tu m'as permis d'avoir de l'attention et de me rapprocher de ma famille. Tu m'as aussi permis de mûrir plus vite et de moins souffrir en inhibant ma souffrance et en la canalisant. Tu me faisais tout ressentir moins fort, toujours la tête aussi vide que mon corps. Tu as été un réel pilier, celle qui me permettait au moins de contrôler une chose dans le chaos de ma vie. J'ai souvent pensé que tu étais ma meilleure amie, la plus fidèle. Tout cela n'était qu'un mirage, une utopie impossible, impensable. Anorexie, tu m'as brisée. En me répétant que tu étais ma meilleure amie, tu m'as cassée, abîmée. Tu m'as volé des années de ma vie, épuisée, harcelée. Tu ne me laisses aucun répit. À cause de toi, j'ai passé pratiquement deux années (cela fait plus d'un an que je suis) hospitalisée et restreinte de ma liberté. Ce n'est pas ce que tu m'avais promis. Mon corps parfait n'est jamais arrivé, même avec 25 kilos de moins, je n'étais pour toi qu'une moins que rien. J'avais froid, froid en permanence, partout. Je ne dormais presque plus, car d'après toi, ce sont les feignants qui se reposent. Les os ? Tu y voyais une tonne de graisse. Le ventre vide, tu me faisais marcher jusqu'à en être totalement épuisée. Tu m'as isolée aussi, tu étais jalouse et possessive et pour toi, on ne partage pas l'amitié. Tu m'as promis la liberté, mais tu m'as enfermée dans une prison mentale. Tu hurles et moi, je chuchote. Le bonheur que tu m'as vendu n'est jamais arrivé et maintenant, je suis obligée de le chercher. Tu m'as tout pris : mon temps, mes cours, ma joie, ma famille et mes amis. Tu leur faisais croire que la nourriture était le problème, aujourd'hui, je ne sais plus qui je suis et ce que j'aime. Anorexie, tu ne m'as rien souhaité que le mal, tu es allée jusqu'à me demander de prendre une lame pour exprimer toute ma douleur un peu plus sur mon corps. Tu m'as fait faire du sport à outrance, mais aujourd'hui je dois me rendre à l'évidence, je ne dois plus rien te donner, je dois me battre pour ma liberté et ne plus jamais abandonner. Maintenant, j'y vois clair dans ton jeu, c'est seulement ma mort que tu veux. Mais c'est dur de te quitter, car je ne sais plus comment exister. J'ai eu avec toi ma plus longue relation, et cela, sans vraiment me remettre en question. Tu m'accompagnais tout le temps, partout, tu étais devenue la moitié de moi-même. Nous avions ensemble la pire des relations toxiques. Notre relation, c'était à la vie à la mort et tu n'avais clairement aucun remords. Anorexie, il est l'heure pour moi de te larguer, car tu me mets bien trop en danger. C'est comme une rupture amoureuse, tu vas me manquer, je vais pleurer en espérant ton retour, je vais me sentir seule, vide, comme s'il manquait une part de moi, mais avec le temps, la vie reprend. Peut-être que je vais devoir passer par ce douloureux sevrage, à pleurer, déprimer, être en manque, en colère, triste, pendant un moment, mais je dois le faire et cela ne pourra que me rendre fière. Notre rupture est la plus belle chose qui puisse m'arriver.

Alors adieu et à jamais Anorexie, je me dois de reprendre les rênes de ma vie. »

Je sais qu'il y aura encore très certainement des hauts et des bas, des rechutes et des rémissions dans le futur, mais aujourd'hui j'avais envie de dire adieu à cette terrible maladie afin d'avancer. Il faut se souvenir que la guérison n'est pas linéaire, mais que cette maladie se guérit et que je peux m'en sortir comme d'autres s'en sont sortis avant moi.

Brillez mes soleils

Il est grand temps de rallumer les étoiles.

Apollinaire

J'aimerais terminer ce livre en vous parlant un peu des superbes amitiés que j'ai créées lors de ces hospitalisations. Ces personnes sont devenues de réels amis au quotidien sur qui je peux compter. Nous avons fait la guerre ensemble, pas forcément la même guerre, mais pour moi, nos combats se valent à peu près. Je sais que ces personnes-là répondront présentes à chaque appel et que je pourrai leur partager le positif comme le négatif. Certains penseront que ces amitiés sont néfastes, car basées sur des personnes malades, mais il existe en fait un lien bien plus fort qu'une maladie dans nos relations. Cette fois je m'adresse à vous, vous qui m'avez aidé lorsque j'étais la plus vulnérable, qui m'avaient vu sans masque et sans pudeur émotionnelle. Vous qui m'avez attrapé la main lorsque j'en avais besoin et qui ne l'avez pas lâchée. Simplement merci, et les mots sont faibles, car je vous suis infiniment reconnaissante de m'avoir aidée, chacun à votre manière. Merci, et bravo à tous pour votre parcours, certes semé d'embûches, mais aussi de plein de petits et grands bonheurs. Vous comptez tous énormément et êtes des étoiles brillantes qui me montrez le chemin lorsque la pénombre ne me fait qu'apercevoir le noir.

La première fille que j'ai rencontrée était donc Bérénice avec qui j'ai gardé une grande complicité. Elle ne venait qu'aux groupes, mais nous allions parfois boire des cafés toutes les deux. Elle est très soutenante, et même si elle a arrêté un long moment de se battre, elle est à ce jour sur le chemin de la guérison et se bat plus fort que jamais. C'est la première personne qui m'a fait réaliser que je n'étais pas seule et pas folle. Puis j'ai rencontré Jeanne, et tout a été différent. Je n'ai jamais eu d'amitié aussi complice et forte avec quelqu'un d'autre. C'était une amitié coup de foudre. Elle m'a, à de nombreuses reprises, montré le chemin. Cette fille, qui a tout pour elle, n'a vraiment pas confiance en elle et j'aimerais tant lui donner mes yeux (comme à beaucoup d'entre vous) pour lui montrer à quel point elle est formidable, forte et belle intérieurement comme extérieurement. Caroline est la personne la plus douce que je n'ai jamais rencontrée. Elle trouve toujours les mots pour rassurer, encourager, soutenir. Je l'ai accueilli pendant quelque temps chez moi où elle a commencé à remonter la pente, seule, ce qui m'a encore une fois prouvé à quel point elle est forte et déterminée. Léna est pétillante, je me souviendrai toujours de ce mardi où elle est arrivée dans sa robe verte laissant ressortir ses longs cheveux bruns et ses magnifiques yeux bleus. Elle m'a toujours montré que la guérison n'était pas linéaire, mais qu'elle était envisageable et que les rechutes nous rendaient en fait plus fortes. C'est une fille que j'admire énormément. Elsa est ma petite chouchoute. Elle est arrivée du haut de ses 15 ans et a réussi à nous montrer et à nous prouver qu'elle voulait vivre. Elle m'impressionne chaque fois un peu plus avec sa maturité et sa détermination. Au départ, elle n'était pas très à l'aise socialement, mais en lui en parlant elle est devenue plus naturelle et spontanée et nous avons découvert un petit bout de femme incroyablement intéressante par elle-même et bourrée de qualités. J'ai été très proche de Clem et particulièrement lors de ma deuxième hospitalisation. En prenant son autonomie, alors que ce n'était pas gagné d'avance, elle m'a montré qu'on devait se soigner pour soi et pas pour les autres. À la clinique, on nous appelait les sœurs jumelles, car nous nous ressemblions pas mal physiquement et qu'on était toujours ensemble à faire les 400 coups. Mathilde a été ma Maman d'hospitalisation. Elle a 28 ans pourtant, je ne ressens pas d'écart d'âge avec elle. Elle a toujours été très protectrice avec nous toutes et bien qu'il y ait eu des bas, elle me montre souvent qu'il y a aussi des hauts et que la vie peut être douce et pleine de surprises (et qu'on peut même manger des gaufres n'importe où pour ceux qui auront la private joke). J'admire infiniment Ludmila, car elle est guéri entièrement de l'anorexie. Il lui reste encore le versant boulimique à traiter, mais elle a déjà fait une grande part du chemin pour me montrer que c'était possible et pour cela, je la remercie infiniment, car je pense à elle à chaque fois que je perds espoir. J'ai en grande partie écrit ce livre grâce à Fanny. Je la voyais écrire tous les jours son livre qu'elle a ensuite publié et à ce moment-là a émergée l'idée d'écrire à mon tour le mien. Son histoire m'a bouleversée et m'a fait prendre conscience d'une chose extrêmement importante, on ne peut pas juger quelqu'un sans le connaître réellement et sans connaître son histoire. Elle est douce, drôle, attentionnée, elle est pleine de qualités et la vie n'attend qu'elle pour poursuivre son chemin. Victoire est comme une âme sœur pour moi, je sais que je peux tout lui dire, qu'elle peut m'écouter et me conseiller. Elle est pleine de vie et d'une détermination impressionnante notamment dans ses études où elle donne tout. C'est la personne que chacun devrait avoir dans sa vie, qui fait rire et fait du bien. Enora est notre petit bébé de la clinique. Du haut de ses 15 ans, elle nous a elle aussi montré sa maturité incroyable et son côté très scolaire qui la faisait toujours être la plus conciliante dans les soins. Léa a été un véritable coup de foudre amical, notre amitié est devenue très vite très fusionnelle. Elle m'a déconstruit de nombreux clichés que je pouvais avoir sur les personnes addicts et elle a toujours les mots justes pour analyser les situations. J'ai rencontré Alix sur les réseaux sociaux, mais c'était une amie de Bérénice. J'ai vu peu de personnes se battre aussi longtemps sans renoncer. Bien qu'elle soit encore malade, elle rayonne et est toujours là pour prendre des nouvelles, m'encourager, me soutenir. Zélie est une magnifique brune au teint et aux yeux clairs. Elle a une prestance impressionnante. Les soins ont toujours été compliqués, mais elle m'a montré qu'on pouvait aussi progresser en autonomie sans dépendre uniquement du corps médical. Amandine est un bout de femme extrêmement courageuse. Elle a une quarantaine d'années, mais m'a montré que quand on veut, on peut et qu'il suffit d'y croire assez fort et assez longtemps pour que les choses reviennent à leur place. Max, Gus, Flav, Héloïse, Jeanne, Juliette, Chloé, Lise, Noémie, Lucie, Camille, Marjorie, Chloé, Adélaïde, Axel, Élodie, Marion, Erika, Sasha, Jasmine, Constance et Sophie sont également de magnifiques personnes avec qui j'ai pu partager des moments de vie et qui resteront à jamais gravés dans mon cœur.

Alors, oui, c'est une grande famille de gens malades, mais j'ai fait la guerre avec eux, on a combattu nos démons ensemble alors ils resteront des personnes chères à mon cœur pour toujours, quoi qu'il arrive. Toutes ces personnes, je les ai vues arriver à la clinique au plus bas, aux portes de la mort puis, comme une chrysalide, elles se sont relevées pour devenir de magnifiques papillons. Je pense que c'est la chose qui me remplissait le plus de bonheur à la clinique, voir les gens ressusciter pour devenir une meilleure version d'eux même, sans la maladie.

Brillez mes soleils et je vous promets de tout mettre en œuvre pour briller avec vous et notre soleil irradiera la planète pour l'éternité. Notre soleil rira de bon cœur, tous ensemble.

Remerciements

J'aimerais remercier et témoigner toute ma reconnaissance à ma Maman, qui a été ma première lectrice et qui me soutient dans mon quotidien contre vents et marées en essayant d'apaiser mes peines et de décupler mes joies.

Merci à ma Marraine et mon Parrain qui m'ont aidée à sauver ma vie en m'accueillant chez eux et en me donnant tout l'amour dont j'avais besoin, ce sont les premiers à m'avoir mise sur le chemin de la guérison et je leur en serai éternellement reconnaissante.

Merci à mon père et ma belle-mère qui malgré les tensions actuelles m'ont à un moment accompagné sur la route des soins.

Merci à mes 3 psychiatres, ma psychologue, mes deux diététiciens, ma psychomotricienne, les infirmiers et tout le personnel de la clinique qui me suivent sur la route des soins et qui continuent d'y croire malgré le fait que je sois parfois réticente. Vous m'avez permis de sauver ma vie.

Merci aux infirmiers pour leur écoute toujours bienveillante, de m'avoir montré la beauté de leur métier et de m'avoir donné envie de devenir à mon tour soignante.

Merci à mon frère et mes deux sœurs pour leur amour infini et ces moments doux passés à leurs côtés.

Merci au Lys Bleu Éditions pour leur confiance et leur travail sur mon manuscrit et sur mon livre.

Merci à Gilbert Sinoué pour sa relecture et ses précieux conseils à propos de l'édition de mon livre.

Merci à Victoire qui a été ma première relectrice et qui est au quotidien le rayon de soleil dans mes nuits sombres.

Merci à ma Jeanne qui me permet d'être enfin moi-même et qui me permet de passer des moments dans une bulle.

Merci à Léa pour la couverture.

Merci à tous mes amis d'hospitalisation, Caroline, Lena, Mathilde, Ludmila, Clémentine, Elsa, Berenice, Fanny, Alix, Enora, Zélie, Amandine, Maximilien, Augustin, Flavie, Héloïse, Jeanne, Juliette, Chloé, Lise, Noémie, Lucie, Camille, Marjorie, Chloé, Adélaïde, Axel, Élodie, Marion, Erika, Sasha, Jasmine, Constance et Sophie pour toutes ces parenthèses de bonheur partagées à leurs côtés, leur présence et leur soutien infaillible qu'ils m'ont apporté ces trois dernières années.

Merci à mes copines en dehors de la clinique qui me soutiennent énormément au quotidien.

Merci à vous qui m'avez lu et si vous partagez les mêmes maux, je vous souhaite tout le bonheur du monde et bien plus encore. Le soleil reviendra, c'est promis.

Merci aux personnes que j'ai peut-être oubliées, cela n'est pas volontaire.

Enfin, merci à la vie, de me donner cette opportunité chaque matin de réaliser mes petits et grands rêves.

Imprimé en Allemagne
Achevé d'imprimer en octobre 2023
Dépôt légal : octobre 2023

Pour

Le Lys Bleu Éditions
40, rue du Louvre
75001 Paris

Imprimé en Allemagne
Achevé d'imprimer en octobre 2023
Dépôt légal : octobre 2023

Pour

Le Lys Bleu Éditions
40, rue du Louvre
75001 Paris

www.ingramcontent.com/pod-product-compliance
Lightning Source LLC
Chambersburg PA
CBHW062342010826
49168CB00024B/231

* 9 7 9 1 0 4 2 2 1 0 1 9 9 *